道教と東南アジア華人社会

その信仰と親族的結合

坂出祥伸
Yoshinobu Sakade

東方書店

まえがき

東南アジアの華人街を歩くと、やたらと目につくのは、道教の宮廟と宗親会の看板であろう。仏教寺院なら日本人だれでも知っているが、道教という宗教のことはほとんどが知らない。ましてその宗教施設としての「宮廟」とか「道観」のことは知らないで普通であろう。もうひとつ、「○○宗親会」「○○聯宗会」という看板はバンコク、マレーシア、シンガポール、マニラなどの華人街ではどこにでも見かけられる。大学で中国語、中国文学を勉強したという人でさえ、それらが宗族《そうぞく》という同姓一族の扶助親睦組織だと思いいたる者はあまり多くはないであろう。

本書の書名の副題に「親族的結合」としたのは、本来なら「宗族的結合」とすべきところ、「宗族」という語と意味は日本の一般読者には理解できないので、親族とは少々違っているけれども、この方が理解しやすいだろうと「親族的」としたことを先ず了解していただきたい。例えば、鄭氏という同姓ならば先祖が同じだとして「鄭氏世界宗親会」という世界的規模の結合組織さえ現に成立しているのであるが、日本でたとえば田中氏は皆先祖が同じだとして全国田中氏親族会を結成しようなどと叫んだら気が狂っているのかと思われるであろう。

　東南アジア各地域に華人街があることは東南アジア研究者でなくても旅行者でさえ知っているし、観光ガイドブックにも簡単ながら記されている。しかし、そこには食べ物と買物、観光スポットだけは出てくるが、寺廟についてはほとんど説明されていない。観光客の望みがそうであろうからやむをえないであろうか。

　そこで筆者は本書で、華人街では道教信仰の厚いことと宗族的結合力の強いことに特に焦点をあてて華人たちの生活のしかたを紹介しようと思う。目次にあるように、先ずは道教とはどういう宗教なのかを儒教と比べて紹介し、次いで宗族とはどういう組織でどのような役割りを果たしているのかを紹介する。その後で、東南アジア各地の実例の中で、道教と宗族の実態を紹介する。

　筆者の願いは、商用、観光などを目的とされる時に、料理や観光スポットのほかに、寺廟のこと、宗祠のことを少しでも知っていただくことである。もし現地で華人と話されるとか、家に招かれる機会でもあれば、一族のご先祖さまのことを尋ねるとか、寺廟に祀られている神像の素性などをちょっと尋ねられれば、きっと誇らしげにお話しくださるにちがいない。大切にされている宗譜《そうふ》でさえ見せていただけるかも知れない。そういうことで親密の度合いも深まるにちがいないと思うのである。寺廟に祀られている神様のことでも、日本人が神社の神様のことをほとんど知らないのとは違って、少々年輩の人なら神様の素性はほぼ承知されている。華人は私たち日本人と同じ容貌をしているのであるが、文化的歴史的背景がまったく異なっている。このことに、どうか気づいていていただきたい。これが筆者の最終的な願いである。

これまで東南アジア華人街について紹介したガイドブックは、山下清海氏の名著『東南アジアのチャイナタウン』（古今書院、一九八七年）をはじめあるにはあるが、それほど多くはない。といっても幾つかは出版されている。それぞれに興味深い内容で大いに参考になる。

近年、『文藝春秋』誌の一九九七年七月号から一九九八年六月号までの十二回、「中華世界」と題する特集連載を組んで、世界十二箇所の華人街を紹介した。解説は游仲勲、写真・文は松村映三。これは日本の一般読書人にかなりインパクトをもって、世界各地に散らばって実力を発揮している華僑華人のたくましい実相を伝えたといえよう。私も興味をもってその拡大が想像以上なのに驚いた。だが、彼らの拡大分布を推進したのが宗教や宗族だという観点が示されていないのを残念に思った。

また、近年は『華僑・華人事典』（弘文堂、二〇〇二年）、『東南アジアを知る事典』（一九九九年新訂増補、平凡社）が出され、中国でも、『華僑華人百科全書・社区民俗巻』（中国華僑出版社、二〇〇〇年）も出版されて、研究も活発になっている。

しかしながら、筆者のように宗教を中心に東南アジアを観察すべきだと考える者にとっては、大いに不満である。というのは、こうした華人街の形成が、彼ら華人の信仰する宗教——特に道教あるいは民間信仰を核として始まり展開するという観点からすれば、前記の諸著作や辞典いずれも、道教はもちろん仏教や民間宗教についての説明がほとんど欠けているのである。その理由は、想像するに道教や民間信仰は低俗なものという日本、中国の学者の観念が反映されているのであろう。
　こういう観点については、全体的な感想ともいうべき「東南アジア華人社会の道教信仰と宗族的結合」で詳しく論じているのを、どうか参照していただきたい。

二〇一三年春

筆　者

道教と東南アジア華人社会❖目次

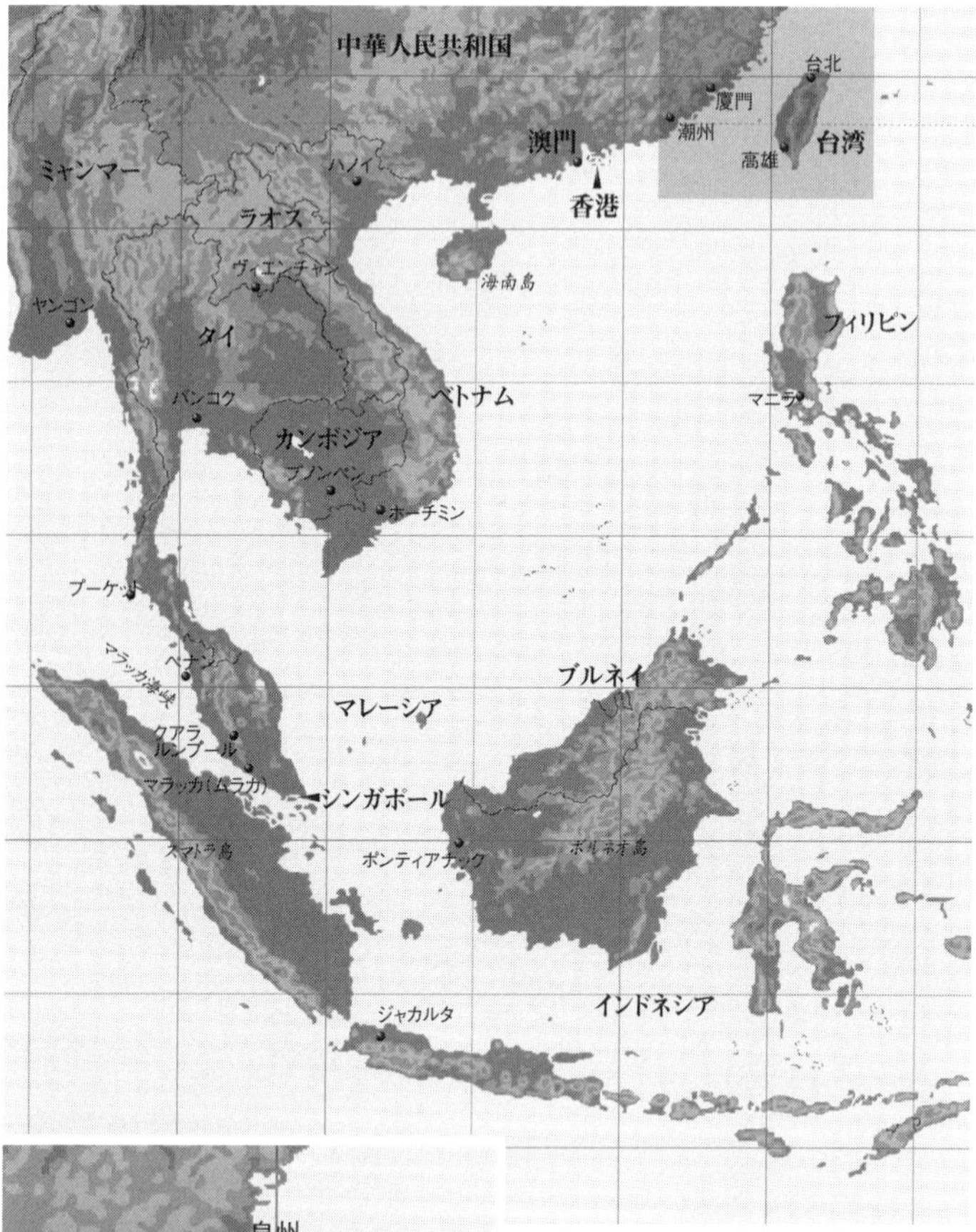
中華人民共和国
台北
厦門
潮州
澳門
台湾
高雄
ミャンマー
ハノイ
香港
ラオス
ヴィエンチャン
海南島
ヤンゴン
タイ
フィリピン
バンコク
ベトナム
マニラ
カンボジア
プノンペン
ホーチミン
プーケット
マラッカ海峡
ペナン
ブルネイ
マレーシア
クアラ
ルンプール
マラッカ（ムラカ）
シンガポール
スマトラ島
ポンティアナック
ボルネオ島
インドネシア
ジャカルタ

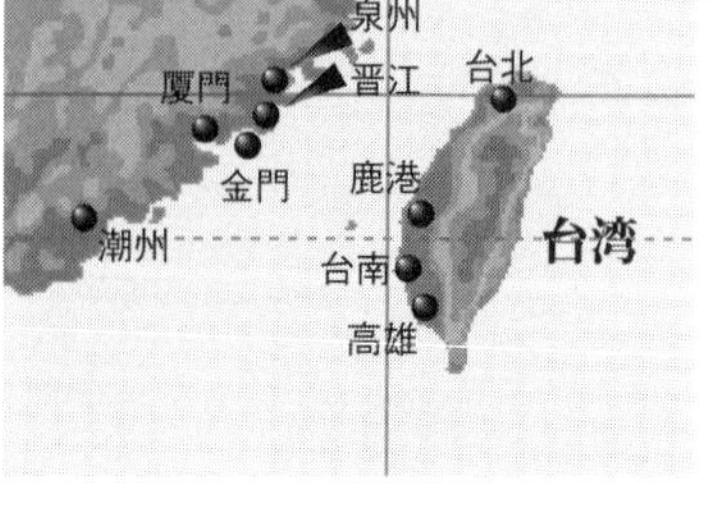
泉州
厦門
晋江
台北
金門
鹿港
潮州
台湾
台南
高雄

❖本書関連地図

道教と東南アジア華人社会

その信仰と親族的結合

編集協力＝加藤浩志（木曜舎）

第Ⅰ部　道教とは、宗族とは

1 道教とはなにか

　私は現在道教を集中的に研究しているが、道教の立場から逆に儒教を考えてみると、実にいろいろな点が見えてくる。儒教一本槍の研究だと気づかない点が見えてくる。それで、道教とは何かということを中心に考察するが、どうしても儒教について私の考えを述べざるをえない。そこで、はじめに儒教について述べ、後に道教について述べる。

　道教は中国の宗教であるけれど、高校の世界史の教科書には道教としてはまとめて書いてなくて、以前に私の勤めていた大学で入学試験に道教のことを出題したところ、受験参考書出版社から大変厳しい批判を受けたことがある。細かく探せば世界史の教科書に出てはくる。もちろん漢文の教科書には道教のことは出てこない。というような事情から道教はほとんど知られていないのだろうと思う。

　よく知られているのは孔子や孟子の儒教である。ところが、実際に中国に行って見ると、あちこちに道教のお寺、すなわち道観宮廟が復活していて、一般の民衆が拝んでいる、手を合わせる姿を見かける。仏教ではない。台湾や香港に行くと、ここは資本主義の社会体制であるから宗教の自由があるので、道教の神様を一生懸命拝む。何を拝んでいるのかは、それは様々である。まずは〝金が儲かりますように〟、それから〝病気〟〝悩み事〟を解決してくださるようにと祈っている。「現世利益」を求めているわけである。孔子だの孟子などは立派な聖人であるが、これらを祀っているところ――孔子廟――に行って手を合わせて、〝儲かりますように〟ということはまずはない。〝頭がよくなりますように〟とか〝大学受験に合格しますように〟とか、そんな願いごともしない。日本でも湯島の聖堂や岡山の閑谷学校に行くと、孔子の像が祀ってあるが、それは本当は学問の神様ではない。天満宮のような学問の神様ではない。学問の神様に当たるのはやはり道教が司っていて「文昌帝君」という神様である。

◉文晶帝君に合格祈願をする女学生たち（台湾・高雄）

儒教は一般民衆のものではない。古い時代で言うと「士大夫階級」というものがあるが、これは書物の読める階層であり、これに対して書物の読めない一般民衆というものがはっきり分かれている。士大夫階級は儒教の立場をとり、それは、宗教を否定する立場である。『論語』の中で孔子は〝怪力乱神を語らず〟とか、〝鬼神を敬遠する〟とも言っているが、これが儒教の立場である。このような孔子の言葉は「士」身分の者への訓戒であって、一般民衆に向けたことばではない。「民は依らしむべし、知らしむべからず」である。

そういう立場をとらなければ、官僚として一般民衆を治めていくわけにはいかない。したがって、儒教の立場と一般民衆の道教の立場とはまるで違っているということになる。

もう少し儒教について述べる。中国は儒教の国だ、と私なども長らくそう考えていたが、それは恐らく私達日本人は、特に「教育勅語」に見られる〝親に孝に〟とか〝兄弟仲よく〟とか、そういう風な家族倫理を教えこまれているのであり、そういう立場は恐らく江戸時代というよりも明治以降の一般国民教育の中で培われた儒教倫理だろうと思う。江戸時代では、一般民衆は儒教なんてまるで知らなかっただろうと思う。やはり武士階級や儒者など為政者たちは儒教をちゃんと知っている。

よく〝日本は儒教の国か?〟と聞かれることがあるが、私は基本的には、そうじゃないと思っている。儒教の国ではない、何故かというと、それは、中国や韓国に行くとよくわかるが、儒教には二つの側面がある。祖先崇拝ということと、倫理道徳、それと一体になった政治理念、そういうものがある。日本では倫理道徳を基調とした政治は江戸時代からあるのだが、祖先崇拝の方は、宗族制を受け入れていない。宗族制という男系血縁共同体、つまり男の先祖から次の嫡子（男子）、さらに次の男の子という具合に、同じ陳なら陳という姓というものが連綿と続き、その一族は先祖をちゃんと祭る、そしてその一族はどこに行こうともお互いに助け合う。中には奨学金のようなものを出して、一族の中の優秀な若者を科挙に合格させる、そして進士にならせる、頭のいい者は一族の中からどんどん官僚にならせていく、そういうことによって陳なら陳の一族を繁栄させていく、そういう風な考え方がある（宗族制については

●墓に向かって拝む一族の姿（台南郊外で）

本書第1部第3節、第4節で詳しく述べる）。このような考え方や社会システムは、奈良平安時代から江戸時代に至るまで日本には入らなかった。

先祖を祭るということは、そうすれば必ず科挙に合格する、発財できるというような現世利益が返ってくる、という期待がこめられている。祈られる先祖の側はどういうことをするのか。そこに「気」がかかわってくる。遠い先祖の、肉体は無くなっても、その「気」は存在している。「気」が結合してかたまったものが肉体になるわけである。その先祖の「気」は、厚く祈れば必ず感応するのだ、そして自分達に現世利益をもたらしてくれるのだ、という信念である。「風水」というは、そういうことに関係がある。

台湾の墓地に行くと、沢山のお供え物を献上して一族の人達が一生懸命手を合わせて拝んでいる姿が見られる。その人々の「気」と亡くなった先祖の「気」とが感応し合って、自分や一族に利益がもたらされる、金が儲かる、あるいは大学に合格する、必ずそういう現世利益があるのだ、こういう堅い信念を中国人達は古くからもっている。この血縁共同体にもとづいて先祖を祭るということは、日本には入っていない。江戸時代になってから、徳川幕府は朱子学というものを日本の政治支配原理として採用した。朱子学は古い儒教ではなくて新しい儒教であるが、この宗族制というものを基盤にしている。「風水」ももちろん関わっている。

だいたい、宋代以降、それまでは貴族社会だったのが、官僚社会になり、宗族制が強化される。宗譜とか家譜とかいうものが大きな宗族では編纂されるようになる。何十世の系図が書いてあるもの、現代に近いところについては、いつ生れて、どんな官職について、最後はお墓はどこにある、お墓の向き――坐向という――ということまで記載してある。女の場合では誰のところに嫁いでいるか、という風なこと、何人子供があって、その子がどこに行ったか、そういうことがきちんと記載されている。日本でも家系図というのがあるが、そこまでくわしくは書かない。宗譜とはスケールがまるでちがっている。

沖縄には家譜がある。琉球は儒教社会になっていたからである。韓国に行くと、宗族制があり、宗族の事務所がある。「慶州金氏宗親会事務所」といった看板がソウルの街角でも見られる。それから、出身地と姓を同じくするものは結婚してはならない、ということがある。韓国は今でも厳重に守られている。中国ではだいぶゆるんで五代前、五代はなれた子孫では、同姓同地出身でも結婚できる、というようにゆるめられてきているようである。それだけ、血を守っている、というか大事にしているわけである。

●ソウル慶州金氏宗親会事務所
族譜、結婚の相談にも応じる

日本でもイトコ結婚は嫌われていて、これと似たようなことに思われがちだが、私はそうではない、と思う。

　ごく単純ないいかたをすると、同類の「気」と異類の「気」ということがあって、同類の「気」というものは新しいものを生まないという。異類の「気」だったら新しくなる。つまり、陳さんと郭さんとが結婚をする、これは異類である。けれども同じ陳さん同志では子供ができないかもしれない。直系の男の子でないと相続できないから、この「家」の存続のためには異類でなくてはいけない。ただし、これにはもっと難しい問題があるが今は省略する。

　要するに、日本にはこのような宗族制が入っていない、ということからも、本格的には儒教は入っていない。とすると日本の文化は儒教文化なのか、仏教文化なのか、それともあるいは日本の在来的な文化、たとえば神道という風のものを中心とした文化なのか、こうなると、そこのところは難しい問題なので今は棚上げにしておく。

　この宗族制だけは、道教であれ仏教であれ、中国にあっては根本的には否定しないところである。つまり、宗族制の最も大事なところは、一言でいうと、《孝》という観念である。これだけは中国のあらゆる思想も宗教も決して否定はしない。仏教は出家するので子供ができない。子供ができなければ、《孝》というわけには参らない。そこで仏教が中国に入ってくる時に、この、《孝》の観念に背くものということで、仏教というものが非難された。ところが、何とかして仏教を中国に定着させたいために父母の恩の重さを説いた『父母恩重経《ぶもおんじゅうきょう》』というお経が案出された。これは偽経――つまりインドでできた経典ではない、中国でつくられたので偽経というのであるが、《孝》の観念に合わせたものである。日本では、さきほど儒教が入っていないと言ったが、ここのところが大事なのである。

《孝》の観念で大事なことは、先ず第一は『孟子』にいうところの〝後《あと》無きことは最大の不孝である〟つまり嫡子がいなければならない、ということで、嫡子がいないと宗族制が守れない、これが最大の不孝だとされる。第二には『孝経』という経典にも書いてあるように、〝身体髪膚《はっぷ》これを父母に受く。敢えて毀傷《きしょう》せざるは孝の始めなり〟といい、身体を損なわないということは、五体完全で死ぬ、ということで、出家して頭を剃る仏教というものが非難されたのは、こういう理由があったからである。もう一つ大事なことは、「身を立て道を行い、名を後世に揚げ、以て父母を顕す、孝の終りなり」ということ、つまり立身出世してこの宗族——一族を繁栄させて父母を顕彰するのである。これら三つが重要で、《孝》を全うするということは、親をちゃんと養いなさい、というような容易簡単なことではなかった。一族を繁栄させなければ、《孝》を実現させたことにはならない。だから日本に儒教が入ったというけれど、厳密な意味で《孝》の観念すらも入っていない、と私は思っている。

社会のシステムが違うから、例えば《家》というけれども、父がおり母がおり、祖父母がおって、曽祖父母もいる、そして兄弟、叔父叔母なども離れて遠くへは移らないで、なるべく一族が近くにまとまって生活をする、分家するけれどもなるべく近いところで暮らすのである。中国の家の構造は、基本的には三合院または四合院と称される形式であるが、いま三合院に例をとれば、奥の正面（正庁）に、

◉三合院の建築（『伝統建築手冊』より）

神明と宗祠を祀り、中庭＝院子《ユアンズ》を囲んで各家族の住む房《ぼう》（棟）がコの字形に配置されたのが家である（上図参照）。早くから文明が開けた黄河流域などには分家して離れるのもあるが、南方ではほとんどこうである。だから、陳なら陳という名の村があるとすると、その村民は大部分が陳さんばかりとなる。

こういう家がいくつかあって、さっき述べたように、一族共有の田んぼと一族共有の塾を置き、一族の頭のよい者には一族で金を出し合って、塾に立派な先生を招いて徹底的に教育する。そうやって科挙に合格させ、進士にならせる。そういうことをやるのである。こうすることが《孝》であり、一族の繁栄をもたらすのである。こういうシステムは日本には入ってこなかった。

韓国の場合にはこの伝統が残っている。そこで韓国人は、自分達の国は儒教の国だ、中国はもう駄目だ、というようなことを言っている。儒教の正統は自分の国へ移ってきた、と考えているのである。韓国には、宗族制がちゃんと入っている。

ところで本場の中国はどうなっているのか、というと、明清時代つまり十四世紀以降を考えてみると、宗祠の横にある神明殿には福徳正神のような道教系の神様を祀っている。また町や村には媽祖《まそ》――航海安全の守り神――という女の神様を祀ってみたり、城隍神《じょうこうしん》――地域の安全を守る神様――を祀ったりしていて、そういう神様を、儒者である地方長官が定期的にきちんと祀るのである。つまり道教と儒教とが信仰の底辺の部分では混合されてしまっている。さらにその上に仏教の観音様を祀ったりして、非常に崩れてしまっているのである。純粋な儒教というものは十四世紀から後は伝わっていない、と考えてよい。そういうわけで、韓国の人は、純粋な儒教は自分の国にしか残っていない、正統を継ぐのは韓国だけである、と考えているようである。

さて、道教というものはどういうものか、ということである。まず、道教は宗教なのか、誰が始めたのか、ということを考えてみよう。

◉道士の服装の一例（功徳儀礼を行っている）

道教は宗教である。宗教といっても、キリスト教などとは違う。一神教ではない。日本の神道とよく似ていて八百萬《やおよろず》の神がある。非常に沢山の神々が出てくる。特に職能神という、例えば大工の神としては魯班《ろばん》、薬屋の神は神農《じんのう》というような諸々の神々が祀られている。

神々に仕える道士――キリスト教の牧師、仏教の僧侶にあたるもの――があり、経典がある。これは神道にはない。神主が儀礼のときに読みあげるのは「のりと」であって、それは経典ではなくて、呪言の一種である。

◉北京・白雲観

キリスト教には聖書《バイブル》があり回教にはコーランがあり、道教にはすごく尨大な経典がある。仏教の一切経に相当するもの――『道蔵』――がある。それから、教会や寺院に当るものとして道観とか宮廟とかがある。北京や上海にいくと白雲観――これは全真教という道教の一派の教会――、蘇州にいくと玄妙観というように、観と名づけられた、仏教のお寺に相当するものがある。

道教の定義についていうと、私の考え方では、万物それぞれに生命力を認める、特に目に見えない「気」の運動、これを根拠としてそれにわが身をゆだねて救済を求める、これが道教ではないか、と定義している。宗教であれば、救い、魂の救済ということがどの宗教でも必要だろうと思う。道教も同じであるが、ただしそれは、自分の外に神様があるというよりも、自分自身のもっている「気」に救済の根拠を求める。難しい言い方かも知れないので、またあとで説明する。

『老子道徳経』つまり、いわゆる『老子』はよく知られている。そこで老子が道教の教祖ではないか、そういう風に考える人もいるけれど、それはちょっと違う。老子の言葉だといって『道徳経』上下が残っているけれども、その老子が実在した人物かどうかさえもわからない。そして老子という人物は実在していなくて、「気」の化身だ、という風な考え方もある。

第二には、道教は、その「気」の運動を根拠とする宗教であるから、本来偶像的な対象をもっていない。先ほど道教にも神様がいると述べたが、その神様というものは自分が「気」を働かせて、その神像をイメージして頭の中に思い浮かべることによって現れるのである。そしてその神々を招いて救済を求めたり、お告げを人々に伝えたり、あるいは神と一体になろうとするのである。いってみれば、道教はもとは自力救済の宗教だったのである。それでは「気」というものはどういうものなのか、と言われると説明が難しいが、具体的な意味としては、古代の人達にとっては、目に見えないけれどこの空間にあるもの、それを「気」だとして、たとえばその辺に生えている樹木あるいは人間あるいは動物が呼吸作用をしているが、それは目に見えない何かを入れたり出したりしている、そこに生命の根拠になるもの——生命力というものがあるのではないか、という風な考え方から、中国古代の人たちは「気」と名付けたのだろう、と思うのである。しかもその「気」を自分の意志で流れるようにすると病が治る。たとえば、ご存じの「気功」というもの、あれは自分の体に流れ巡っている「気」を、意志を働かせて、小周天といって、お臍《へそ》の下のあたりの下丹田から、ぐっと上にあげて胸の中丹田それから頭部の上丹田へと「気」を循環させていく、あるいは指先から肩の方を通ってまた丹田の方へ流す、循環させていく。あの「気功」というものも意志でもって「気」を働かせているのである。それからまた、中国医学といえば鍼灸であるが、五十肩・四十腰など二、三回やれば非常によくきく。どういう治療かというと、十二の経路、ツボと脈、そういうものが「気」によってつながっている、という考え方。つまり自分の身体というものは「気」の網（ネットワーク）がはりめぐらされているのだ、足の裏のツボと胃とがつながっているのだ、という風なことであるが、中国では医学であれ、薬物学であれ、「気功」のような養生法であれ、皆「気」という考え方を根拠にしているわけである。現在、西洋医学で訓練されたお医者さん達は、「気」の存在などというがそれは迷信だ、実際、解剖学的研究で捉えることができないじゃないか、というけれど、考えてみればわれわれは治ればいいのである。私自身も腰が痛くて整形外科にいって、何べんも通って治らなかったことがあるが、ハリをやってもらったら二、三回ほどで治ってしまった。迷信だといって片づけるわけにはいかないだろうと思っている。

そういうような「気」を働かせることによって、何かのイメージを描く。「気功」の場合も、美しいイメージを描きなさい、といって音楽に合わせて美しいイメージを描けば「気」の循環がそれだけ活性化する、というようなことを言われているが、同じ理屈で、美しい神様の姿を描くことによって、自分で自分を救おうとする。道教はそういうような宗教だと私は考えている。

基本的にはそうであって、自力救済——自分の力で自分の身体の病気を治したり、心の悩みを治したり——というやり方であったが、二世紀頃に中国に仏教が入って来る。仏教はお釈迦様とか何とかいろんな仏像——偶像崇拝——を伝えてきた。仏像に手を合わせるだけで救われるという簡便な方法である。仏教も、最初伝わって来た時は貴族や知識人だけが受け入れたのが、それが四、五世紀になると、弥勒信仰というのが伝わってきて、弥勒菩薩に手を合わせると救われる、ということで、仏教が庶民化するというか、民間に非常に広まってくる。そうなると、道教の方もそれに対応して、道教の神様（神像）

を造るようになる。そんなことが契機となって、道教の側でも太上老君（老子の尊称）の像が造られ、拝まれるようになった。さらに道教の神様の体系が整備されてくると、元始天尊を最高位として、霊宝天尊・道徳天尊が上位の神格として信仰され、その下位にはたくさんの真人とか仙人とか呼ばれる神々、それに地獄世界の役人までが神様として祀られるようになる。十世紀、宋の時代まで下って来ると、玉皇大帝というそれまで地位の低かった神様が最高位にとってかわり、現在に至っている。神様の崇拝ということからいうと、以上のようなことになる。

◉太上老君

◉家廟の屋内に掲げられた「巡撫」の額

三番目に道教の歴史はどうなっているか、ということを考えてみよう。何を起源にしたらよいかというと、私が考えるところで言うと、先ほど儒教のところで〝怪力乱神を語らず〟〝鬼神はこれを敬して遠ざく〟と言ったが、儒教というものを体系的に考えると、儒教は無神論（そう簡単にいえないところもあるが）だと一応そう言えよう。一方、道教は有神論である。

儒教を通じて中国思想を研究しているのでは、この道教の方が視野に入ってこない。だから、「中国は無神論の国」「神の無い文化の国だ」と断論される。儒教だけ見ているとそうなるのかも知れないが、道教を視野に

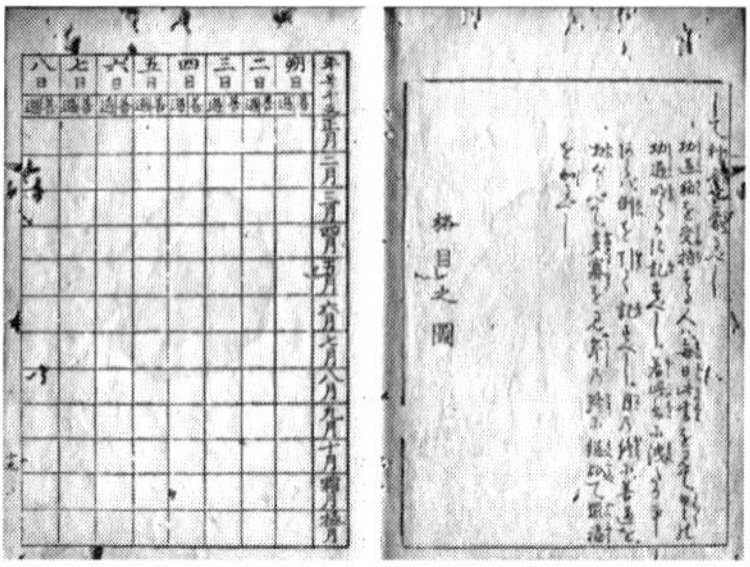

◉『和字功過格自知録』

入れると、これは完全に有神論である。先ほどのべたように、色々な神様が登場してくる。

こういう風な有神論がいつ頃から始まるのか。文献的に考えると、戦国時代の墨子には、『墨子』という書物が伝わっているが、その中に天志（天の意思）とか明鬼（鬼神を明らかにする）とかということが書いてある。天神とか鬼神という存在を強調している。墨子が弟子達に、天がちゃんと見ているのだから、悪い行いをするな、善行を行え、という風なことを強調して言っている。

こういう考え方は、後世にも伝えられて、「功過格」という考え方になる。功は善行、過は悪行で、そういうことが月ごとに点数で計算されるようになる。この功過格は我が国にも伝来し江戸時代に盛んに行われている。安永五年（一七六七）刊の『和字功過格自知録』一冊（京都・武村嘉兵衛等刊）を筆者も架蔵している。表では善行は○印、悪行は×印で記入する。

また、もう一つ道教の源流になっているものがある。老子や荘子の思想――「気」の思想――である。先ほど『論語』に〝鬼神は敬して遠ざく〟と、孔子はそう言っているといったが、孔子は鬼神のことを全く否定しているわけではない。鬼神に対して慎しみの心をもてと言っているのである。自分たち士大夫は、これを崇拝してはいけない、遠ざけておけ、と言ったのであって、逆に言うと、一般の民衆はこの鬼神を崇拝しておったのであって、士大夫は一般の民衆のようにこれを信仰してはいけない、という風な前提がある。〝怪力乱神を語らず〟も同じことである。なぜ「語らず」と言ったのか、というと、怪力乱神を語ったのでは一般民衆と同じレベルになってしまうからである。士大夫・為政者は一般民衆と同じように〝怪力乱神〟を語ってはいけない。ということは、逆に一般民衆は鬼神を信じている、という別の世界があったのである。

墨子の鬼神の考え方と、老子や荘子の「気」の考え方と、こういう二つの要素が道教の源流になっていると思われる。今述べたのは紀元前二、三世紀以前の思想の状態だと考えていいのだが、それから漢代、紀元前二世紀以後あるいは紀元後二世紀になってくると、この老荘の思想とか、それに伴って起こった神仙思想が登場する。特にこれは煉丹術――丹薬をつくる――という、金丹をつくったり、金丹を飲んだり、――金は燃えることもない、土の中でも腐ることもない、という貴重な鉱物であるが――その金を体内に入れると不老長生になる、という考え方で、煉丹術に伴って、金を飲むと永遠の生命が得られるという考え方が盛んになってきた。煉丹というのは金をつくるのであるが、しかし純金はできない。アマルガム――合金――を作るのである。合金の技術のことであるが、何でつくるかというと、水銀とか鉛とかを使ってつくる、という風なことで、純金ができるのではないが、そういうものをつくろうという風潮が、漢代には非常に盛んになってくる。

それからもう一つ、仏教が漢代の終わり頃に入って来て、仏教の宗教組織に刺激されて、道教という宗教の教団がつくられてくる。それから老子を神格化する。やがて老子の神像がつくられる。これも仏教の影響である。お釈迦さんに対抗して老子が神格化されたのである。それから『道徳経』という経典が仏典やバイブルの扱いを受けるようになってくる。以上が、だいたい漢代から三国時代（前二世紀から三世紀）までの情勢である。これがその後さらに発展していく。

後漢末期に東と西にほぼ同時期に大きな宗教的反乱が起った。張角の率いる太平道と張陵の率いる五斗米道（後に天師道と称される）である。前者は古来の天帝への信仰にもとづき、後者は老子の『道徳経』を重んじ、神仙思想を信仰のよりどころとしていた。どちらも後漢王朝あるいは三国・魏の弾圧によって一応表面的には亡ぼされた。しかし、信仰の力は根強く伝えられ、続く南北朝時代、劉宋になって、天師道は復活し経典や儀礼が整備され、北朝・北魏でも天師道教団の位階を整備したり教義を確立したりした。

このようにして、南北朝時代（五世紀ごろ）には、道教は宗教として必要な経典、儀礼の体系ができあがり、教団としての体制もできあがる。仏教での儀礼――例えばお盆でいうと、お坊さんを招き、あるいはお寺に行きお経を唱えてもらうのであるが、それにともなって色々な所作がある。木魚を叩くとか鈴を鳴らすなどは簡単な儀礼であるが、道教もこれをまねたような儀礼を行っている。

南北朝時代以降は、道教は一種の体系化された宗教としての姿ができあがる。そして唐代になると、思想としての道教ができあがる。哲学あるいは思想ということになってくる。なお、宋代になると天師道という呼称よりも正一教あるいは正一派という呼び方が一般的になって、今日に及んでいる。また、同じ宋代の北方を支配した金では、新しい道教系宗教がいくつか興った。なかでも儒仏道三教一致を説く全真教が発展し、元、明、清と存続して現在に至っている。なお、全真教は仏教の禅との関連性が強く、出家主義であり、座禅を行う。今日の道教は、この正一教と全真教である。

四番目に、さきほど太上老君とか元始天尊とかを道教の神様として取り上げたが、一方、台湾や香港でよく見かける媽祖や関帝を祀った廟は、道教ではないのか、という問題がある。これは非常に難しいことがらである。媽祖は航海の安全を支える女の神様、関帝は『三国志』に出てくる関羽のことで、もともとは武神であるが、これがいつのまにか金儲けの神様に変わる。神戸や長崎、横浜の中華街のように、中国人の住む所には必ず関帝廟が祀られている。華僑の人達がお金が儲かりますように、と祈っているのである。これらは民間信仰である。

◉横浜中華街の関帝像

そういう民間信仰と道教とは関係がないのではないか、と言われると、そうではない。日本の関帝廟には道士はいないが、台湾に行くと、道士が来て、施餓鬼の法要をしているから、やはり道教の管轄下というか、その

◉新竹城隍廟の紅頭道士

範囲の中に入るものと私は思っている。ただし、中国人の宗教行動の底辺ないしは日常的な側面になると道教とも仏教とも儒教とも断定できない点が多くなる、という事例にしばしば出会う。

例えば、台湾の新竹市の城隍廟には道士がいる。私は、実際に行ってみたのだが、紅い帽子（網巾）をかぶり紅い道服を着た道士がいた。そこには城隍神（地域の守護神）が祀られている。ところがその隣に観音様が祀られている。奇妙なことである。仏教と道教とが一緒に祀られていて、そこに手を合わせに来る人達は、観音様も城隍神も同じように拝んでいるのである。道教だの仏教だのと区別していないのである。祈る側には道教とか仏教の区別は無いというのが実情である。しかし、それを管理している方は道士で、道士は絶対に観音様の方へは行かない。だから、道教の側からみればはっきり分かれている、といえるだろうと思う。

第五番目に道教の教えの中心は何であろうか。よく不老長生を目的とする宗教だ、と言われるが、それだけであろうか、という問題がある。

確かに道教は、不老長生とか神仙思想を取り込んで、それを重要な要素としている。その点では儒教の方は社会全体の救済、しかも経済的・政治的救済を目的としている。「経世済民」という言葉がある。

これは、世の中を正しく秩序づけて民を救済するという意味であるが、民衆を経済的物質的に安定させれば救済できるのだという、一種の楽観主義が儒教にはある。それはまた、人間を集団《マス》としてとらえていて、心や魂をもつ個別的存在としてとらえる視点が希薄だといえる。その点では、今日のマルクス主義とか社会主義によく似ているといえる。これに対して道教は個人的救済が主体となって発展してきたもの。儒教は宗教ではないけれど、しかし救いということだけは重んじている。政治的方策によって、あるいは経済的方策によって民を救うということである。道教の方は、個人的な救済、心の救済が中心になるのであろうが、現在でもなおそういう性格が受け継がれている。そこで、呪符《じゅふ》――「おふだ」――を授かったり、内丹がおこなわれたりする。内丹というのは先ほど述べた煉丹術の発展したもので、煉丹術では合金をつくるのであるが、実は水銀とか鉛で合金をつくる、つまり有機水銀を使うと水俣病とかイタイイタイ病など知られているような中毒症状を起こす。そういうことから、六、七世紀頃から有害だということがわかってきて、そこで今度は金を自分の体内につくるというような考え方が、つまり身体の下丹田に金に相当するものをつくるという考え方が起こる。「気」を働かせてイメージとしての金丹を体内につくるということに変わってくるのである。こういう身体技法を内丹と称している。それが現在の「気功」として伝わっている。そういった技法が六、七世紀ごろから起こってくる。

一方、台湾南部で催されているさまざまな祈《き》安醮《あんしょう》、とりわけ攘災《じょうさい》祈安醮――醮というのはお祓《はら》いのこと――は災いをしりぞけて安全を祈念する祭りという意味である。これは個人的救済というよりも、むしろ一地域の住民全体の安寧加護を祈願する祭祀のようである。不老長生というような高い次元の祈願でなくて、疫病神を追い出すのが目的といえる。台湾のような亜熱帯地域では、マラリアとかいった高熱性の病気が多いのであるが、それを疫病神の仕業だと考え、そいつを追い出すために祭りをやる。日本でも、祇園祭なんかもそういう疫病神を追い出す祭りだったらしいが、こういう祭祀は一地域から国家全体に拡大され得るものである。北魏の時代——五世紀頃、北の方にできた異民族の王朝である——道教が国家鎮護的性格を帯びて、道教自体が国教になった、という例もある。

唐代でも、玄宗皇帝のころは、「長恨歌」で名高い白楽天、また李白、杜甫などを生んだ唐の文化の絶頂期であるが、玄宗皇帝は道教を国教にしている。科挙の制度に『老子道徳経』を中心とした受験科目を新しく設ける、という風なこともあって、そうした国家鎮護的性格を帯びた時代もあった。

民衆レベルでいうと、祈安醮のようなものが台湾で行われている。そういうところから見ると、必ずしも不老長生を目的とする宗教だと簡単には言えないし、また個人的な救済だけだとも簡単には言えない。不老長生——個人的救済も、そして社会全体の救済も扱う、という風な宗教に変わってしまったのだろう、と思う。

次に、西欧でいう「タオ」は道教とどんな関係にあるのか、また、いわゆる老荘思想は道教とどんな関係にあるのか、という問題を考えてみよう、これは、老荘思想と道教とを連続したものと考えるのか、別物だとするのかという問題に言い換えればよいと思う。

欧米の人達は中国を道教の国だと思っている。私達日本人は中国は儒教の国だと思っている。しかし、中国は儒教の国だ、というイメージは日本や韓国や東南アジアでしか通用しないと思う。

私がパリで暮らしたのは一九八九、九〇年のことであるが、パリの本屋さんに行くと、老子のフランス語訳はいくらでも手に入る。ところが『論語』のフランス語訳は無い。老子の翻訳は『道徳経 Dao-dejing（タオドジン）』という表題で老子の画像がそえられているものもある。私はフランス語訳されたものを二十種類ほど集めたが、『論語』のフランス語訳は一冊も見つけられなかった。

フランスの一般の人々にはタオ（道）という言葉は非常に耳なれた言葉である。道教のことはあまり知らなくても、タオという言葉はよく知っている。この言葉自体が非常にポピュラーなのである。孔子（コンフーズ）はほとんど知られていない。日本人が中国に対して抱くイメージ——儒教の国というイメージ——は非常に特殊なのだ、と思っていいようである。フランス人だけでなく、アメリカ人でもドイツ人でも、中国は儒教でなく道教の国だと思っているようである。

なぜそうなるかというと、これはフランスやドイツなど欧米の中国研究の出発点というものがあり、それと深くかかわっている。キリスト教を中国に布教する際、それは十六世紀頃から行われているが、その中で一般民衆にキリスト教を布教するのに障害になってくるのは、一般民衆が信仰しているものである。一般民衆が信仰しているもの、これが道教である。儒教ではない。だから宣教師は道教の勉強をしなければならないのである。それを知っていなければ、一般民衆の中に入って行けないのである。だから彼らは道教の研究をやり、研究書を出した。そこで彼らが中国で集めた道教関係の書物とか経典はフランスやイギリスの図書館にたくさん入っているのである。宣教師が集めたものである。欧米の人々が儒教には興味をもたないで、道教に興味をもつのには、そういう背景がある。

老荘思想と道教というものは、フランスやアメリカの学者はひと続きのものだと考えているが、日本や中国の学界では別物だという考えがつい最近まで一般的だった。老荘思想は高度に洗練された哲学だ、道教は低俗なものだ、という風に考えるのである。中公新書で『荘子』という本を書かれた福永光司氏の解説では、荘子を一種の非常に高度な実存哲学だ、道教とは別物だ、と説明されている。後になってから福永氏も道教を研究されるようになったが、当時は別物だと考えておられた。

私は台湾に行って、一般民衆の拝む道教の廟に調査に行ったことがしばしばあるが、そのついでに、当地の大学の先生と色々しゃべることがある。そうすると、台湾の大学の先生は、「お前、なんでそんなことに興味を持つんだ。あれは低俗な一般民衆のものだ」と、こういう考え方を聞かされる。私たちは道教がそんな低俗なものであっても、中国人というものを知るためには、道教を知らなければわからないと思うのである。中国の大学の先生は、道教なんかつまらんものだ、一般民衆のものだから研究する必要のないものだ、学問の対象と違うんだ、という考えを今でも持っている。であるから、老子や荘子の思想は素晴らしいけれども、民衆が信じる道教とは全く違うんだ、別物だ、あれはつまらない、と考えているようである。しかし私は、フランス人の学者らと同じように、老子・荘子と道教とは続いたものだと、そういう立場をとっている。

以上をまとめると、要するに道教というものは、中国人の思想・文化の底辺部分をなしているということである。その基本的考え方は「気」という目に見えない存在、それを働かせることで救われようとする、基本的には自力救済の宗教だ。こういう道教が非常に古くから、だいたい二世紀頃から教団として成立し、それが非常に長い歴史をもって今日に至っている。こういう意味で道教というものを無視して中国の文化を語ることはできない、ということになる。

◉奈良白毫寺の太山府君

最後に日本文化との関係についてつけ加える。日本文化の中にも道教的要素が非常に沢山入っている。例えば、中元というものも、上元は一月十五日、中元は七月半ば、下元は十月十五日であるが、実は中元は善悪を分別し人間の罪を許す地官大帝という神の生誕の日、というようなことである。

真言密教に関して言うと、四国辺りでは弘法大師空海のご縁で、真言密教の信仰が非常に盛んであるが、あの空海自身は、道教の盛んであった時代の唐代に中国の都・長安で仏教を習得したのであるから道教を非常によく知っている。『三教指帰《さんごうしいき》』というのが伝わっているが、上・中・下三巻あって、中巻は「虚亡隠士論」といって道教のことが書いてあって、道教の知識なしには書けない、と言われる篇である。
奈良の白毫寺《びゃくごう》には、閻魔さんと、太山府君と、司命、司録、五道大神という五体の神像が祀られている。閻魔さんは仏教であるが、あとの四つは道教の神様である。道教の神様だということをはっきり意識しないで、私達は手を合わせているのである。これは密教と関係が深いのであるが、そのほかにもいろんなかたちで道教が入っている。それは私たちが追々に研究していかなければならないのである。しかし言っておかなければならないのは、日本には基本的には道教は入っていないということである。日本には道観という道教のお寺はかつてなかったし今もない。道士という道教の伝道師も存在しない。だから基本的には道教そのものは入っていない。しかし道教の影響は非常に深く受けている、ということは言える。

【参考文献】

葛兆光著、坂出祥伸監訳、大形徹・戸崎哲彦・山本敏雄訳『道教と中国文化』（東方書店、一九九三年）
坂出祥伸『道教とはなにか』（中公叢書、中央公論新社、二〇〇五年）
坂出祥伸『日本と道教文化』（角川選書、角川学芸出版、二〇一〇年）
林会承『伝統建築手冊』（台湾・芸術家出版社、一九八七年）

2　民間における儒教と道教

中国の思想は儒教、道教を問わず、「気」の観念が根底にある。道教はいうまでもなく、人の「気」を操作することによって永遠の生命を獲得する、すなわち神仙になることを目指す宗教であるが、「気」に根拠を置く点では儒教も同様である。例えば、儒家である孟子はいう。「志（意志）は気を帥《ひき》いるものであって、気は体に充《み》ちているものだ。志がはたらけば気はそれに従う。それ故に、自分の志をまもって、気を暴発させてはならない、というのだ」（『孟子』公孫丑《こうそんちゅう》上）と。「気」を養う必要性を説いているのである。「気」の観念は、ただそれだけで意味があるのではない。その前提として、この世界のあらゆる存在は「気」から成り立っている。人間であれ、動植物であれ、無機質の鉱物であれ、すべてが「気」から成り立っているという考えかたがある。こういう「気」のありようは、漢時代までにほぼ体系的に説明されるようになる。要約してみると、一、「気」は具体的には陰陽二気として存在し、しかも凝集と分散を絶えることなく繰り返している。それは、循環的である。二、「気」は宇宙に充満していて無限であり、したがって、始めも終わりもなく、連続していて分割できない。自律的で必然的な運動・変化を間断することなく行っている。三、したがって、「気」は滅びることがない。つまり、「気」から成るこの世界には終末がない。人間についていうなら、「死」は終末ではなく、「気」の様相の変化にすぎない。四、「気」から成る存在は部分と全体が相互に関連しあっている。その関連は、次に挙げる「感応」によっている。部分に全体が反映しており、全体は部分の総和ではなくて、部分と他の部分とは、あるいは部分と全体とは「感応」することによって関連している。五、「気」の循環的運動・変化は近代科学のように因果律によって説明できるのではなくて、「感応」という概念によって説明される。「感応」とは分かりやすくいうと、「ひびきあう」ことである。「気」は実体的な概念ではない。しかし、鍼灸で「つぼ」（気穴）に鍼を刺すことで多くの治療が好い結果を生じていることは、「気」の存在を信じない者でも知っている。身体の経絡を流れているのが「気」である。それは、五臓の「気」と関連している。経絡のある一つの箇所に刺鍼することによって五臓の「気」を活性化させるのが、鍼灸の基本的な考えかたである。ここには、経絡と五臓のあいだは「感応」の関係であり、また、ある経絡と身体との関係は部分と全体の関係であるが、経絡の総和が身体になるのではないという、さきほどの説明が理解できるであろう。

ところで、以上に説明した「気」の観念を社会的側面について考えてみたい。今、二で、「気」は間断することなく連続していると述べたが、このことを社会についていうなら、人間関係のつながりは、中国社会では、血（血気という語があるが、血と気は裏表の関係にあり、気は陽であり、血は陰である）のつながりであろう。血のつながる人間関係とは、とりもなおさず、宗族と称される始祖を同じくする同姓の父系血縁共同体である。一宗族に属する個々人は、いわば同類の「気」のネットワークにより連結しており、そのシンボルが「宗譜《そうふ》」（家譜、族譜とも称される）である。そこで宗族内の人間関係について、「父と子は至って親しく、形は分かれているが気は同じだ」とか、「一つの祖先から派に分かれても、同じ気が枝を連ねているようなものだ」と称されるのである。このような宗族制は日本本土にはないので理解しがたいであろう。沖縄にはこれに似た「門中」があり、韓国やベトナムでも宗族制が受容されている。

宗族では祖先祭祀が重視される。春秋の祭祀には族長が一族を集めて家廟（祀堂とも）の前で栄光に輝く先祖について語る（日本語訳も出版されている陳忠実の小説『白鹿原』には、清末の状況が描かれている）。先祖のなしとげた偉業を受け継ぎ、更に成功することこそが「孝」である。『孝経』の首章「開宗明義章第一」にいう。「わが身体は手足はもとより髪の毛から皮膚にいたるまで、すべて父母から受けたものだ。これらを軽々しく傷つけないようにする。これが孝の始まりである。わが身を修め正しい道を行い、その名を後世にかがやかし、そうすることで父母の名を世に知れわたらせる。これで孝が完成されるのである。いったい孝とは親によく仕えることが始まりであり、（成長すれば）よく君に仕えるものであり、最終目的は、わが身を修めることである」と。父母への孝養だけが孝行と考えられがちな日本の「孝」観念とはまるで違って、「名」を後世にまでかがやかす、つまり、史書に名が書きとどめられてこそ「孝」が完成するのである。このことは、実は漢代の孝廉《こうれん》茂才《もさい》という選挙制度と関係している。すなわ

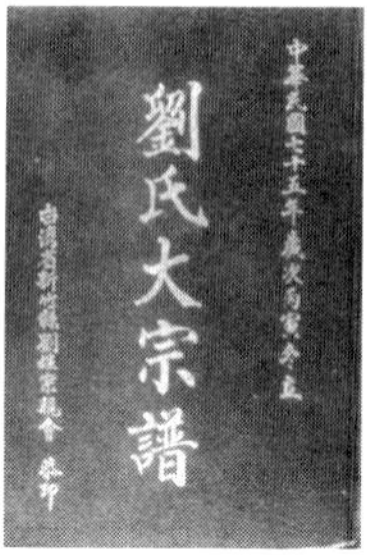

◉劉氏大宗譜　表紙

◉同前　祖像。西漢皇帝ほか

ち、「孝」は実利を伴っていたのである。この実利性、換言すれば現世利益（現世における両栄＝子孫の繁栄、財力の蓄積、あるいは三幸＝子孫の繁栄、財力の蓄積、長寿）の考えこそが、宗族制や「孝」の観念の根底にあるのであり、先祖祭祀の重視もまた同様である。

朱子は南宋の大儒であり、その学説は日本の江戸時代には幕府の教学の根本となったのであるが、彼の語った言葉が『朱子語類』として残っている。その中の先祖祭祀について、祭祀を行う者が祀られている者の子孫であれば、同一の気であるから、「感応」が起こる、と説明している。では、「感応」は子孫に何をもたらすのか。逆に、子孫は何のために先祖を祭祀するのか。子孫の利益や繁栄あるいは庇護を与えてくれるという期待である。そういう期待を満たすためには、先祖への鄭重で十分な供養をしなければならない。

ところで、宋代に科挙制による官僚体制が成立すると、同祖親族の中から官僚を継続的に輩出して、官界における一定の地位を獲得し、かつ維持せんとして、古来の宗族制の再編成が行われる。同祖の親族を統合する「収族」が行われ、また同時に私撰の族譜（魏晋南北朝時代の官撰族譜とは異なる）が編纂されるようになる。宗族の共通の祖先を祀る「宗廟（家廟、宗祠、祀堂と

◉同前　現在の人物の写真・略歴

◉墓図（山図とも）

も）」が設けられ、春秋に一族が集まって先祖を祭祀し、一族の団結が図られる。また、共有財産としての族産（祭田、義学など）が置かれ、一族の中の科挙に応試する者を援助する。こうしたことからは、「孝」の観念にとっても、大きな転換であったと考えられる。

ここでついでに、現在の宗譜のことを補って説明しておく。私が台湾新竹で入手した『劉氏大宗譜』は最近印刷されて一族に配布されたものである。劉氏一族は同姓はすべて同じ血でつながっていると考えて、世界宗親会という大規模な組織をつくっているのである。この分厚い宗譜を見ると、遠祖あるいは始祖は前漢の高帝（高祖武帝・劉邦）であり、続いて孝恵帝、太宗孝文帝、孝景帝などの肖像が載せられ、さらに後世に続く劉姓の肖像が載せられる。現在生きている一族の成員は写真つきで氏名、住所、職業、電話番号が記載されている。この大宗譜にはないが、時には山図と称される墓域図が載せられ、そこには龍脈の伸びかたと風水がよいことを示す坐向が記されている。つまり、我が一族の繁栄の由縁は、この「好風水」にあると誇っているのである（写真は台湾などで山図の載っている宗譜を探せなかったので、韓国の宗譜で代用した。「彦陽金氏派譜」であり、大韓帝国末年・隆熙四年、一九一〇年作成の宗譜）。

劉氏一族の宗親会はシンガポール支部、サンフランシスコ支部などのように世界各地に支部が設けられ、年次大会が開かれているようである。また、奨学金制度も設けられていて、一族の中の優秀な青年は日本やアメリカの大学に留学させている。このような相互援助の組織の淵源は宋代に始まる近世宗族制かと思われる。

『二十四孝』という通俗書はわが国でも幼少年向けの読み物として、あるいは歌舞伎、浄瑠璃に改変されて（「本朝二十四孝」）、江戸時代に普及しているが、『二十四孝』そのものは、従来の説では元の郭居敬の作と言われている。しかし、南宋時代の趙子固（趙子昂の従弟）という説もあり、さらに遡って五代から北宋時代とする説もあるが、ともかく、この書の登場も宋代の宗族制の再編強化と何らかのつながりがあるであろう。

中国演劇の専門家・田仲一成氏が著された『明清の戯曲』には、明清時代の江南宗族の宗祠（宗廟）祭祀で上演された戯曲が、基本的にはほとんどが宗族の発展拡大を願って演目が選ばれていることを明らかにされている。例えば、節婦の忍従と孝子の奮闘により科挙の合格者を輩出し、一族の繁栄をかちとろうとする宗族の意図を表現した演目、一族から科挙の及第者が出て宗祠に祀られている祖先に感謝する演目、富裕な商人が金を借りに来る者には惜しまずに貸し与えるというような陰徳を積む、そうすることで功績が子孫に及び宗族は繁栄するという演目、輝かしい祖先の栄光を述べて宗族の子弟に訓戒する演目等々である。この田仲氏の書物は中国の演劇を宗族制という枠組みから捉えたという点で中国演劇研究に新しい視角を開いたのであるが、宗族制研究にとっても、また儒教、道教の底辺を知る上でも非常に有意義な研究成果である。

今日、中国はもとよりわが国でも、「風水」というものが喧伝されているが、この占術は、私の推測によれば、宋代における科挙制の確立や宗族制の再編と深く関係しているであろう。もっとも、風水に限らず、相術や択日《たくじつ》術など占術一般が、この宋代に著しく発達している。おそらく、これも科挙制と関わっているのであろう。試験の行われる日には、試験場の周りに占い師たちが集まったといわれるし、また、官僚と占い師が応酬した詩も残されていて、官僚たちが自分の栄達を気にして占わせていたのである。「風水」はどうかというと、墓や家廟の位置は、宗族や子孫の繁栄に最も関わるのであるから、例えば『朱子家礼』巻五喪葬にも、程子の言を引用している。すなわち、「其の宅兆を卜《ぼく》するとは、其の地の美悪を卜するのである。地の美なるものは、其の神霊が安らかである。其の子孫は盛んになる。もし其の根が培われて枝葉が茂っていれば、理として当然子孫は繁栄する。地の美なる者とは、土の色が光潤で、草木が茂って盛んであるのこそ、その験（しるし）である。父祖と子孫は同気であるから、彼（父祖）が安らかであれば、此れ（子孫）も安らかであり、彼が危うければ、此れも危うくなる。これも亦た其の道理である」と。もっとも、程子は続けて「地の方位を撰ぶ」「日の吉凶を決する」ことを迷信だとして否定してはいるが、これは儒者としての表向きの発言であろう。つまり、民間では、あるいは官僚士大夫の間でも、風水や択日のような占術が広く行われていたのである。私は今ここで、『論語』の言葉を想起する。例えば、「子、怪力乱神を語らず」（述而）とか、「子曰く、民の義を務め、鬼神を敬して之を遠ざく」（雍也）と言われているのは、孔子が為政者あるいは士人としての立場を示したのであって、民を統治すべき為政者は、民衆のように「怪力乱神」を語ったり信じたりしてはならない、民衆と同様に、鬼神の存在を信じて厚く祀るようであってはならない、と公的な発言をしているのであり、これは今日流に言えば、中国共産党がその機関紙『人民日報』で、共産党員に向かって、賄賂を禁止したり、法輪功は邪教だと宣伝しているのと同様である。これは表向きの公的な発言であって実際には、官僚（共産党員）の間で賄賂が日常茶飯事のごとく横行していることは、だれでも周知のことである。一昔前、「人民に服務せよ」というスローガンがあちこちの看板に書かれていたり、新聞の見出しに書かれていたりしたが、こういうスローガンを叫び立てるのは、裏からいうと、共産党員が人民に服務していないという実情があるからである。儒教社会も、共産党支配の社会と同様で表と裏がある。

ここで、中国の小説によって民間の実情すなわち「怪力乱神」の世界を考えてみたい。まずは、いわゆる「志怪小説」と呼ばれる六朝時代の小説であるが、晋の干宝の著す『捜神記《そうじんき》』の中には、孔子が否定した「鬼」がしばしば登場する。たとえば、宋定伯という人物は夜、旅をしていて鬼（幽霊）に出会って、自分も鬼だと言って担がせたら、重いのでばれそうになり、死んだばかりだからと言い逃れ、河を渉《わた》る時に音がするのも、死んだばかりで河を渉るのに慣れていないからだと騙す、というお話がある。また、孤児の徐泰は養い育ててくれた叔父が病気にかかったが、一生懸命に看病している間に、夢に現れた司命（寿命を司る）の神に頼んで叔父の病を救ってもらった。こういう民衆の世界は、決して儒教のものではない。ここには、官僚士大夫も登場するが、しかし、彼らもまた、鬼神を信じ鬼神にすがっているのである。魏・曹丕《そうひ》（文帝）の著す伝奇小説『列異伝』には、後に三公（太尉、司徒、司空）のひとつ太尉にまで昇進した華歆《かきん》の諸生（官職を得ていない士人）の時の話が伝えられている。これによると、ある家の軒先に野宿していると、その家の妻が産気づき、やがて二人の役人が来ていうことには、「ここには公がいるので」と門から入ろうとしなかった。役人は司命の神の使いである。二人は生まれる子の戸籍（寿命を記載した帳簿）を作りに来たのであり、三年と定めた。後に華歆は曹操に仕えて尚書令、文帝の時、司徒、明帝の時には太尉となった。つまり、華歆は司命の使いの言葉を信じたのである。

唐代の小説に鄭蕡《ていふん》の『才鬼記』というのがある。短いお話である。唐の太和四年のこと、監州《かんしゅう》防御使の曾孝安の孫・季衡という女好きの若者がいて、彼が住んでいる祖父の官邸の離れはかつて州長官の王氏の娘が住んでいたところだったが、その絶世の美人が急死したが、今も昼間からでもその娘の亡霊が出てくることがある、と聞いて、彼はその亡霊に会いたいと願っていたところ、ある日の夕暮れ、仙女とみまがうばかりの美女が現れ、ぜひお逢いしたくなってやって来たという。季衡は喜んで女を部屋にひき入れ情を交わし、その後六十日間も夕方になると女がやって来た。しかし、逢ったことは口止めされていたにもかかわらず、祖父の配下の将校に話してしまったので、女からこれきり二度と逢えないと告げられ翠玉《すいぎょく》のかんざしを贈られて別れる。しかし、季衡は女が忘れられず、日ましに痩せおとろえていく。知り合いの道士に法術をほどこしてもらって薬を飲んで数ヶ月して治った。この話は、女の亡霊すなわち「鬼」が士人を誘惑するのである。

近世小説でも怪異は有力な題材となる。明の瞿佑《くゆう》が著す『剪燈新話《せんとうしんわ》』の中には江戸時代に「怪談牡丹燈籠」のタネになった小説「牡丹燈記」がある。時代は元時代の終わり近く、所は浙江の寧波《ねいは》、喬という名の若者（おそらく庶民ではなくて、「士」の身分であろう）が妻が亡くなってうつろな日々を過ごしているが、正月十五日灯籠祭の頃、門前にぼんやりとたたずんでいて、通りかかった十七、八の絶世の美女に魅《み》入られて親しくなり、愛欲のかぎりを尽くすのであるが、これが実は亡くなった女の「鬼」（幽霊）である。それを知るや、道士に頼んで「符籙《ふろく》」（おふだ）を書いてもらい、一枚は門に、一枚は寝台に貼り、二度と彼女に近づかぬと約束する。しかし、酒を飲んだ折りに約束を忘れて、彼女の亡骸《なきがら》を納めてあるお寺に行く。女にひっぱられて棺《ひつぎ》の中に入ってしまい、喬は女の屍《しかばね》と抱き合って死んでしまう。その後、そのあたりでは、女が喬と手に手をとって並んで歩く姿が見られ、これに行き合う者は重病にとりつかれ、寒気や熱がこもごもおこり、ご祈禱をして治すのであった。人々は先の道士に訴えると、自分の手にはおえないと、鬼神を懲らしめる法術で霊験のある鉄冠《てつかん》道人（やはり道士）を薦めてくれた。そこで鉄冠道人に会ってお願いする。道人は符吏を使って二人を逮捕して、その罪を自供させる。判決によって彼らは地獄に追いやられる。

以上のように、儒教の経典や儒者の文章では取り上げられることのない、士人や民衆の、鬼神、妖怪、冥界を信じたり、騙されたりという実情が、小説にはこまごまと描かれているのである。

ここで、中国の小説にはしばしば道士が登場して、その方術によって鬼神妖怪を退治したり人々を救ったりという役割りを果たしている点に注意をしておきたい。儒教が為政者の立場で民衆を救済する（建前として）のに対して、道教はいつも民衆の立場にあるといってよい。

清代の小説、蒲松齢《ほしょうれい》の著す『聊斎志異《りょうさいしい》』は、文字通り怪異を記した作品であり、全篇が鬼神、妖怪変化、冥界の話に満ちているので紹介を省くが、道士が登場して士人や民衆を救うという点では、同じである。

話題が宗族制から離れてしまったので、宗族制に戻ろう。さきほど説明した「気」の社会的側面について、私はそれを儒教のものだとは言わなかった。「気」の観念はもちろんのこと、宗族制やそこで重視される「孝」の観念、祖先崇拝は、けっして儒教に固有のものではない。仏教もまた、「孝」の観念を無視しえなかったから、『父母恩重経』『盂蘭盆経』のような中国疑撰の経典さえ作られている。仏教でいう「出家」とは、ただ父母との関係のみならず、宗族との関係を断ち切ることでもあったから、仏教側にとっては中国人を出家させることは実に大きな問題であった。そこで、仏教も「孝」を否定しないどころか、仏陀も「孝」を説いているとしなければならなかったのである。道教の場合は、仏教のように剃髪はしないし、また宗族と絶縁するほどの厳しさはないが、初期には在家のままで修行や伝道を行っていたのが、次第に仏教に倣《なら》って出家して道観を修行の場とするようになる。ただし、これは六朝・隋唐時期のことであり、現在の道教は、全真教のように出家主義をとる宗派と天師道のように在家道士（伙家《かか》と称する）の立場とがある。このようではあるが、「孝」の観念を無視しては道教もまた成立存続しえない。『無上秘要』（北周・武帝編纂という。五六〇〜七八年）に引用されている『升玄経』という道教経典には、山中で修行していても、父母が生長させてくれた恩を念じて忘れるなと説いているし、また後世でも、入信者に出家を求める全真教では、『孝経』が『道徳経』『清浄経』等とともに必読の経典とされていることから分かるように、道教もまた「孝」を重視していたのである。このことは、儒教との妥協と解釈する人がいるが、私はそうではなくて、実は宗族制との妥協であると考える。最近私は台湾、香港の道観を「呪符」の調査を目的としてたびたび訪れたが、そうした道教の廟の内部に「忠孝」を強調する扁額が掛けられているのに気づいた。廟は管理委員会によって維持されており、委員会の理事は地域住民から選出される。このことは、宗族との妥協、というよりも道教正一派のように在家主義をとるならば、一族の繁栄を願ってこそ正一派道士の存在が確保できると理解できるであろう。

近ごろ、加地伸行氏の著書『儒教とは何か』がよく読まれ引用されるのが目につくが、祖先祭祀や「孝」の観念を儒教固有のものであるかのごとき解釈をしている。もっとも、そういう解釈は加地氏に始まったわけではないが、この解釈には私は反対である。祖先崇拝や「孝」の観念は、中国社会に、いわば自然発生したのであって、これを原始儒家がいちはやく教義の中に取り込んだにすぎない。春秋戦国時代の諸子百家は、ひとしく「孝」や先祖崇拝を否定してはいないのである。上述のように後発の道教も同様である。なぜかというと、これらの信仰や観念は宗族制に根ざしているからである。宗族制を否定しては、中国では一切の思想・宗教は成立・存続し得ないのである。

一方、日本ではどうであろうか。もちろん「孝」の観念は儒教とともに古くから日本に入っている。しかし、宗族制は採用も受容もされなかった。「孝」が、これまでに述べてきたような宗族の繁栄を願う祖先崇拝であるとしたら、そのような「孝」の観念は日本人には理解されていなかった。江戸時代に朱子学が採用されたのであるが、それでは儒教式の葬礼は行われたのであろうか。儒教式葬礼はほんの一部の儒者、例えば中江藤樹の儒葬、野中兼山がその母の葬儀を朱子の家礼によって行ったとか、林羅山の儒葬、水戸光圀が夫人の葬儀を儒式で行った、などが知られているくらいである。

先に挙げた田仲一成氏は別の文章で、日本近世の「三大歌舞伎」と中国明清時期に江南で盛んに行われた「四大南戯」を比較されて、日本の歌舞伎では主君に対する「忠」が価値観の軸になっているのに対し、中国の南戯では父母・祖先への「孝」であり、その実質は一族のための「富貴利禄」の達成であると述べ、その原因として、「日本近世社会が宗族社会ではなく、宗族秩序を欠いていた。日本は宗族社会を基盤として成立した儒教徳目（孝）だけを受容したに過ぎず、基底は全く別種の地縁社会であったため、生活感情までは受容できなかったのである」と説明されている。私にはよく納得のいく見方、考え方である。

沖縄はどうであろうか。琉球王国時代に朱子学が入り、『朱子家礼』に倣《なら》った『四本堂家礼』が乾隆

◉那覇市内の毛国鼎氏の亀甲墓

◉その内部では親族が集って祖先を祭祀している

元年（一七三六）、蔡文溥《さいぶんほ》によって編まれた。ここに盛られている宗族や「孝」の観念がどれほど士族の間に普及し且つ実際に行われたのであろうか。ただ、沖縄で多く編纂された「家譜」は、中国とは別の機能を持っているようである。田名真之氏の研究によれば、それは、中国の族譜が宗族によって自主的に編纂されるのとは違って、琉球王府が家臣を把握するために士族に作成させ提出させたものであるという。つまり、「家譜」をもって「孝」観念の表れとするのは難しいのであるが、しかし、沖縄には、宗族に似た血縁組織として「門中」があり、これに属する人々によって祖先は厚く祭られている。特に清明（シーミー）の日の墓参りには墓前に親族が集まって祖先祭祀を手厚く行うだけでなく、一族の親睦も行われる（上の写真三枚。本頁は那覇市内の毛国鼎墓、次頁は那覇市識名霊園の墓）。という。こういう習俗から考えると、「孝」の観念は日本本土とは根本的に異なっていると言えよう。

　ところで、儒教は現在はもちろんのこと、過去においても一般庶民の日常生活には無関係であり、あるとしても、せいぜい儒教的倫理が庶民のあいだに浸透したと考えてよい。

日本語訳も出されている余英時『中国近世の宗教倫理と商人精神』によると、元明時代の儒教の中に「治生」（商売）を肯定する思想が現れ、これが明清時代の商業の発展に大きな寄与をしたと説いているが、儒教の立場あるいは士大夫の立場から見ればそうなるであろうが、庶民の立場から見るならば、商業や手工業をになっていたのは、本来、庶民であり、かれらの倫理は当然、世俗内的倫理であり、利潤追求であること、商人の発生以来そうであり続けたのである。そこに、道教の神々への信仰が介在してくる。道教本来の神格の中に民間信仰の神々が加わるようになるのは、おそらく宋代以後のことと思われるが、例えば、真武神、関帝、媽祖が道教の神として商人や船乗りなどの信仰を集めるようになるのも、だいたい宋代以後のことである。

◉那覇市識名霊園での清明節

　最後に、漢民族の宗教は、道教でもなければ仏教でも儒教でもない、「民俗宗教」であるとする説について釈明すると、にもかかわらず、私が台南で見たかぎりでは、多くの庶民は葬儀には道士を招いて盛大な「功《く》徳《どく》儀礼」を行うのである。浅野春二氏が説明しているように、「道教儀礼は、民衆が有効であると思える技法を十分に備えており、道教儀礼でしか獲得できない効果が期待されているのである」。道教本来の神々はけっして無意味になっているのではないということを付け加えておきたい。

　以上を要するに、私自身は道教の研究者であって、そういう立場から儒教を考えているのであるが、道教は民衆の生活とともにあるが、儒教は士大夫、官僚の立場を示している。しかし、「気」という観念は両者に共通しており、先祖祭祀あるいは「孝」の観念を否定しては儒教も道教も、あらゆる中国の思想は成り立たないということを論じてきたのである。

【参考文献】

坂出祥伸『「気」と道教・方術の世界』（角川書店、一九九七年）第六章「孝と風水思想」「中国人の基底をなしている思想」

坂出祥伸『中国思想研究——医薬養生・科学思想篇』（関西大学出版部、一九九九年）第三部第二章「気の感応と修練——同類相感を中心に」

坂出祥伸「響きあう身体——「気」」（『関西大学・文学論集』第五〇巻第二号、二〇〇〇年十二月）

坂出祥伸「宗族孝を称す」（『論語』子路篇）（中国古典読書会創立二十周年記念論集『今、なぜ中国研究か』東方書店、二〇〇〇年）本書に「宗族とはなにか」と改題して所収。

坂出祥伸「道教と占い」（『村山吉廣教授古稀記念中国古典学論集』汲古書院、二〇〇〇年）。拙著『道家・道教の思想とその方術の研究』（汲古書院、二〇〇九年）所収。

笠沙雅章「宋代の術士と士大夫」（笠沙雅章『宋元仏教文化史研究』所収、汲古書院、二〇〇〇年）

渡邊欣雄『風水思想と東アジア』（人文書院、一九九〇年）

渡邊欣雄『漢民族の宗教——社会人類学的研究』（第一書房、一九九一年）

浅野春二「民衆の中の道教儀礼」(『國學院中国学会報』第四〇輯、一九九四年)。同氏著『台湾における道教儀礼の研究』(笠間書院、二〇〇五年)の第二章第一節所収。
近藤啓吾『儒葬と神葬』(国書刊行会、一九九〇年)、特に「崎門学派に於ける朱子家禮の受容と超脱」
田仲一成『明清の戯曲——江南宗族社会の表象——』(創文社、二〇〇〇年)
田仲一成「爛熟期の中国戯曲——日本近世戯曲との対比から見えるもの——」(『創文』第四二六号、二〇〇〇年十一月)
田名真之「琉球家譜の成立と門中」(『歴史学研究』第七四三号、二〇〇〇年十一月)
余英時『中国近世の宗教倫理と商人精神』(森紀子訳、平凡社、一九九一年)
加地伸行『儒教とは何か』(中公新書、一九九〇年)
陳忠実『白鹿原』(林芳訳、中央公論社、一九九六年)

3　宗族とはなにか

中国人の人間関係の根底をなしているのは、個々の人間ではなくて宗族である。孝は宗族の中でこそ実現すべき倫理規範なのである。宋代以降の近世宗族は、一種の自律的自治的組織を形成し、基本的には、国家や王朝のような中央集権体制と対立矛盾する関係にあると考えられる。中国人は自身が自覚すると否とにかかわらず、宗族制の中で今も生きているという視点をもたなくては、かれらの思想・行動のパターンは十分に理解できないだろう。中国の文学・思想・政治・経済などを研究する者すべてにとり必要な視点である。

「孝」は宗族制における実践規範

「宗族孝を称す」という『論語』子路篇の言葉は、誰でも知っているだろう。子貢がどのようなのを「士」といえるのか、と質問したのに対する孔子の答えの中の二番目が、宗族孝を称し、郷党弟を称す。

である。

金谷治先生の日本語訳（岩波文庫、一九六三年）は、次のようである。

一族からは孝行だといわれ、郷里からは悌順だといわれるものだ。

木村英一先生の日本語訳（講談社文庫、一九七五年）もほぼ同様なので、引用しない。

この孔子の言葉は「孝」の観念にとり重要な意味をもっていると思われるのに、これまであまり注意されていないようである。

『論語』の古注では、後漢《ごかん》の鄭玄《じょうげん》はまったく注をつけていない。梁の皇侃《おうがん》の義疏が、「孝は是《こ》れ父母に事《つか》うるを近しと為し、悌は是れ兄長に事うるを遠しと為す。宗族は近き為《た》り、近きが故に孝を称す。郷党は遠しと為す、故に悌を称す」と述べているが、意味不明瞭である。そこに引用されている繆協《ぼくきょう》という学者の注釈には、「孝、宗族に称せられ、悌、郷党に及ぶと雖も孝或いは未だ優と為さず、四方に使いするも猶お未だ備わる能わず、故に之が次と為す者なり」とある。また、南宋の朱子の新注は、「此れ本立《もと》ちて材足らざる者なり、故に其の次と為す」とあるだけで、宗族はもちろん孝についてもまったく言及がない。しかし、鄭玄や朱子にとっては宗族における孝という考えかたは、ごく当然のこととされていたと考えるべきであり、かれらが注をつけなかったのはなんら異とするに足りないのである。つまり、後で詳しく述べるように「孝」は宗族あっての実践規範なのであるからである。

ここでついでに、子貢の三つめの質問「敢て其の次を問う」に対する孔子の答えを引用しておこう。

言必らず信、行必らず果、硜硜然《こうこうぜん》（かたくるしい）たる小人なるかな。抑々《そもそも》亦た以て次ぎと為すべし。

この文の前六字は、かつて周恩来総理が田中角栄首相に色紙に書いて贈ったことがあり、最近では一九九九年七月九日に、朱鎔基首相が、訪中した小渕恵三首相との会談で引用したので、注意深い新聞の読者なら御記憶であろう。日本の二人の首相は、この言葉をどのように受けとめたのであろうか。つまり、あちらの人は前の六文字だけを引用したのだが、その後に「小人（つまらない人間）」という批評が添えられていることに気づいていたのだろうか。たぶん二人の首相は、この評語を知らないでニコニコ喜んでいたにちがいない。もっとも現代中国では、「言行一致の尊敬できる人」の意味で用いられているのではあるが、「約束を果たさないなら軽蔑すべき小人になるぞ」と脅かされているのかも知れない。

なお、この言葉、孟子が次のように言い換えている。

「大人《たいじん》なる者は言に信を必とせず、行に果を必とせず、惟《た》だ義の在る所のままなり」（離婁下）と。

つまり、孟子は義（義理）こそ重要だとし、言葉についての信用や行為の果敢さに拘泥するのは義に背く小人だ、と説明しているのである。

さて、本論にもどるが、「宗族」とは、父系の血縁共同体であり、今でも存続していて、中国人にとっての最も重要な人間関係となっているが、孔子は宗族の人々から「孝行者」と称賛されてこそ、「士」の資格にふさわしいと言っているのである。『論語』で孔子は孝についてあれこれ評しているが、「三年父の道を改むることなきを孝と謂うべし」（里仁）、「今の孝は是れ能く養なうを謂う。犬馬に至るまで皆な能く養なうこと有り。敬せずんば何を以て別たん」（為政）、「生けるにはこれに事うるに礼を以てし、死すればこれを葬るに礼を以てし、これを祭るに礼を以てす」（為政）の発言にあるような、もろもろの孝の規範を実践してこそ、宗族から「孝行者」と称賛されるのであり、したがって、孔子は「士」として諸侯に推薦できると考えたのであろうか。さらに、『孝経』の冒頭「開宗明義章」にある「身を立て道を行ない、名を後世に揚げ、以て父母を顕《あらわ》す」という期待を実現しなければ、「孝」は完結しないのである。

私たち日本人に理解できるのは、父母をよく「養う」という意味での「孝」であり、父母が死んで後に葬り祭るのは「孝」としてではなく、仏教的な供養と考えられている。ましてや、「名を後世に揚げ」

るほどの「孝」など想像もつかないことであろう。したがって、中国的な本来の「孝」の観念は日本には伝わらなかった、あるいは伝えられても十分に理解されなかったといえる。なぜなら、日本は中国の文化や制度を受容しながら、その根本をなしている「宗族」という社会的システムは取り入れなかったからである（韓国が朝鮮王朝時代に儒教＝朱子学を採用すると同時に宗族制、中国的姓氏法を導入したのとは、対照的である）。

「孝」が官吏採用の基準とされるのは、前漢時代になってからのことである。『漢書』董仲舒《とうちゅうじょ》伝によると、「州都の茂材（優秀な人材）、孝（孝行）廉（廉直）を挙ぐるは、皆仲舒より之れを発す」とあり、このころ、王吉という人物が郡吏により孝廉に挙げられて郎の官位を授けられている。しかし、本格的に「孝廉」により官吏が採用されるのは、後漢時代になってからである。これは郡や国の長官が民の中から孝行者や清廉な人物を百石の官に抜擢する制度である。「孝」についていうと、まず宗族の族長の推薦から始まったであろうと推測される。

ところで、宗族における「孝」の一方的な強調は、王朝という統一的中央集権体制にとり、その権力集中の強い妨げとなる。宗族制は元来、血縁内に固執する閉鎖的性格のものであり、皇帝権力の強化を求める王朝側の欲求とは、根本において相容れない。『論語』によると孔子は早くも、この矛盾を自覚していたようである。

葉公《しょうこう》、孔子に語《つ》げて曰く、吾が党（郷党）に直躬なる者あり。其の父羊を攘《ぬす》みて、子之れを證《うった》うと。孔子曰く、吾が党の直なる者は、是れに異なり、父は子の為に隠し、子は父の為に隠す。直は其の中に在り。（子路）

孔子はいわば法家的な、あるいは集権的な立場に立つ葉公に対して、親親（親属に親しむこと）を維持する立場、これこそが儒教の本質なのだが、これを弁護したのである。このような立場は後に韓非子によって「君の背臣」として非難された。いずれも有名なお話しである。『孝経』が、天子から諸侯・卿大夫・士・庶人それぞれの「孝」のありかたを示し、それぞれの地位身分を保つことによって、父と君との矛盾対立を回避し調和しようとしたのは、統一帝国にとり絶対的に必要な立場であった。

しかしながら、宗族制と王朝ないしは国家との対立は、簡単に解決できるような問題ではない。現代中国でもなお未解決のまま抱えている、非常に重要な矛盾なのである。しかも、宗族制そのものだけでなく、それによって育まれた心理的習性も、今日の中国人が多かれ少なかれひきずっていると思われるふしがあり、そういう点でも宗族制のもつ意味には注意しなくてはならない。

いきなり時代は近代まで飛ぶ。

宗族と宗譜

日本語訳された陳忠実の小説『白鹿原』（中央公論社、一九九六年）がセックスをきわどく描いていることで評判になったが、私はこの小説を宗族の実際を詳しく教えてくれるという意味で、非常に興味深く読んだ。時代は二十世紀初め、つまり、清王朝滅亡の直前から人民共和国成立直前までの、陝西《せんせい》省の農村・白鹿原の白・鹿二姓（実は同族）の興亡を主題にした大河小説である。この小説の中に「族規」にもとづいて白姓の族長の長男・孝文がよその女と姦通したという罪で処罰を受けるという場面がある。

その場面は、こうである。白姓の祀堂に十六歳以上の男女が集められ、先祖の祭壇にロウソクと線香をあげ、「郷約」と「族規」とを読みあげた後、族長は族規を定めた五代前の先祖・修身の治績と徳行を語って聞かせ、最後に孝文への断罪を申し渡すのである。なお、この場面には書かれていないが、祭壇には「一族の系譜の巻物」すなわち「族譜（宗譜）」が梁《はり》から吊されていたと思われる。また、この小説には「郷約」の内容は一部ではあるが引用されているのに、「族規」の内容はあまり詳しくは説明されていないのが、私には残念である。

しかし、ともかくここには中国近世の宗族に必須の道具立てと実際の状況がほとんどそろっているという意味で興味深いのである。近世のと断ったのは、宗族そのものは前述のように、孔子の時代あるいははそれ以前から存在していたのであるが、宋代に科挙制度にもとづく官僚社会が完成してから、宗族のありかたが一変してしまい、この時に明清時代以降の宗族の道具立ての規範ができあがるのである。宗族はその一族の中から代々官僚を輩出して官界での発言権と影響力を維持し、それによって一族の繁栄の持続を確実なものにしようとするのである。

その道具立ては、主に宗祠（祀に同じ）・宗譜・族産であろう。

まず、宗祠（家廟）は祖先祭祀の場所であるが、宋代には住居の内部にあったのが明代中ごろから家屋から独立した建物で祭祀を行なうようになったといわれる。台湾では住居内の祭壇とともに独立した宗祠をもっている例をいくつか見た。それはかなり大きな建物であり、宗族の全員が春秋二回集まって先祖祭祀を行なう。宗譜にもそのように規定されている。

そして、その祭祀の費用や宗祠の維持費は一族共有の財産、後に述べる族産（台湾では公業と呼ばれる）でまかなわれる。

◉台湾・金門島の蔡氏家廟内に掲げられた扁額

族産というのは、一族の共有財産であるが、家族ごとの私産に対する宗族全体のものなので、公産とも呼ばれ、祖先祭祀やそれにともなう宴会・演劇などに要する費用を支出するための祭田をもち、科挙受験者への援助、旅中の貧困者への援助、老人への援助、慰労の費用に充てられる。また、富裕な宗族では族人の子弟を教育する施設、すなわち義学も設けられることがあるが、その運営費にも充当される。今日の台湾では、強大な宗族になると奨学金制度を設けているものもあるが、すべてこの族産でまかなわれる。

次に、宗譜であるが、これには族譜・家譜・家乗などの呼称もある。また、それには、ごく簡単な一族の系譜だけを記載しただけのものもあり、『白鹿原』に描かれているのは巻物になって梁から吊すというから、系譜だけの簡単なものであろう。

◉蔡氏家廟の屋内に掲げられた「進士」の扁額

宗譜は一族の結合のシンボルといえるものである。今日見られる宗譜の形式は、基本的には北宋時代に成立している。すなわち、蘇《そ》洵《じゅん》の創始した族譜（『嘉祐集』巻十三）と欧陽脩の創始したもの（『欧陽文忠公集』外集巻二十二）との二種が修譜（宗譜を作ること）の模範となっているという。さて、宗譜には宗族の世系表・源流・祠記・墓記（墓図を含む）・族規・遺文などが収められている。このうち、世系は、一族の始祖から現在に至るまでの縦の関係と、同一世代の族人の中の横の関係、すなわち輩行とを表によって示している。これが宗譜の最も重要な部分である。これによって一族の血のつながりかたが明瞭になり、あらゆる宗族活動（祭祀儀礼・相互扶助・制裁など）が可能になるのである。春秋の祭祀の時には宗譜を祭壇に供えたり、族長が族譜にもとづいて先祖の遺徳を説明し、それをさらに発揚するよう演説することもある。まさに「吾の譜を観る者は孝弟の心、以て油然として生ず可し」（『嘉祐集』巻十三）であり、族譜は孝心の発揚、一族の繁栄に不可欠の道具なのである。

次には、源流・祠記・墓記・遺文のことは省略して、本稿に必要な族規の解説をしておこう。族規は、別に族訓・宗規・家訓などとも呼ばれるが、宗族内のさまざまな規約のことで、宗族に属する人々への訓戒や懲罰をともなう規則をも含んでいる。時には官の定めた法律も干渉を許さないこともあるほどで、一種の宗族内自治が行なわれているといってよい。具体例を挙げてみよう。

最近、巴蜀書社から影印出版された『中華族譜集成』（一九九五年）はまさに画期的な宗譜の集大成であり、その完結が期待されているのだが、その中のひとつに『張氏家乗』（民国十二年重修）がある。これは江蘇・錫山《しゃくざん》の張氏の族譜であるが、その中の「張氏家規」は冠婚・葬祭・家長・宗子・睦族・治家・内外・卑幼・務実・懼法《くほう》・守約の十一条から成る。その中の「家長」の条には、「一族の表率は家長（族長）より重きはない、家長の持守は公正より甚だしきはない」と家長の任務の重要さを説き、子孫に悪者があれば祀堂で告発し、利害をもって諭し、これを責めて改悛《かいしゅん》しないときに、はじめて公府（役所）に告発するという。つまり、犯罪はまず族長が宗族内で処理するのだというのである。そのほか一族は助けあい、家々をよく治め、男女それぞれの務めを果たし、毎日の生活では、華美を去って質朴を尊び、法に背かないように努めるというような倫理的項目が記されている。

いま、「張氏家規」に犯罪を宗族内で処理することが示されていたが、小説『白鹿原』の族長の長男が「族規」にもとづいて処罰される場面が、まさにそれに相当するのである。牧野巽「近世支那の宗族」（『支那家族研究』生活社、一九四四年）に引用されている安徽・桐城の「施氏宗譜」に見える家訓（族規）によると、その「立宗長」の条では、一族内の紛争の処理については、「必ず先ず祠に鳴らして宗子戸長の公に従いて理処するを聴《ゆる》し、公廷を擾《みだ》すを免《まぬか》れしむ」という明確な族内処理の立場を示している。「禁偸盗」の条では、窃盗の再犯以上の場合は一族全体でその者を死刑にするとさえ規定されている。また「戒忤逆《かいごぎゃく》」の条には「五刑（笞刑など五種の重い刑罰）の属三千あれども、罪は不孝より大なるはなし。子孫たる者は父母に触犯し、祖父母を辱しめ、及び期親尊長並びに大功小功緦麻《しま》の尊長を殴れるものは、此の罪逃るべからざる者なり。宗長喚《よ》びて祠堂に至り、律に依りて処治せよ」とあり、官の律に従って刑罰に処することが明記されている。

以上に縷々《るる》述べてきた宗族内自治は、多くのことを意味している。まず、中国の社会が個人ではなくて宗族が単位となっている、ということである。孫文は中国人を評して「散砂」のごとしと言ったが、それは個人に関してであり、個人は宗族を離れては存在しえない。巴金の小説『家』（一九三三年）に描かれた高家の三人兄弟がそれぞれになめた宗族制の桎梏《しっこく》は、人間が個人として生きていくことの困難さを示しているのであるが、しかし、このような個人の独立を抑圧する宗族制は、今日でもなお生き続けているし、それを利用して自己の繁栄に役立てている人々は大勢いるのが現状である。

だからこそ、毛沢東は初期の政治論文「湖南農民運動考察報告」（一九二七年）の中の第七項で特に宗族制の破壊を強調したのである。彼は中国の男子を支配している三種の権力のひとつに「宗祠・支祠から家長に至る家族系統（族権）」を挙げて、農民運動の力で破壊せよと主張した。その後の人民公社運動や、いわゆる文化大革命が破壊しようとした重要な対象のひとつが、この宗族制なのであるが、しかし、結果はもののみごとに失敗に終わった。

「文革」も終わって後の一九八〇年四月二十八日『人民日報』に載った薛木鐸《せつぼくたく》署名論文「官僚主義といかに戦うか」という文章の中にこうある。「少数の幹部は人民から与えられた権力を人民のために服務することに使わずに、自己と一家・一族及び一派閥の私利の追求に用い、政治上と生活上の特権を求めている。それは丁度、封建社会において、一人が官につくと一門が栄華をつくし、妻は恩典を受け、子は官職につき、親族・朋友が余沢を受けるといったありさまとまったく同じさまである」と。この文章は、共産党が宗族制の破壊に失敗し、幹部でさえも宗族的人間関係に従って利益追求に励んでいるさまを公的に認めたことを示していて興味深い。

石田浩『中国同族村落の社会経済構造――福建伝統農村と同族ネットワーク』には、福建における一九八五年編纂とか一九八九年編纂とかの新修の族譜が紹介されている。また、祀堂も修理復活していて同族組織の重要さが認識されつつあるという。これでは共産主義革命以前への逆もどりではないか。

『白鹿原』の著者・陳忠実氏が記者のインタビューに答えて次のように述べているのは、まことに当たっていると思う。「都会人の心理構造も、依然として伝統的な中国人の枠を出ておらず、欧米人の心理構造とは本質的な違いがある。解放後、例の経典は批判され勉強されなくなった。だが、相変わらず目に見えない形で農村人にも都会人にも影響を及ぼしています。この本の影響を完全に抜け出したならば、中国人の心理構造には、恐らく質的な変化が起こるでしょう」と。彼は儒教経典の影響の深さを指摘しているのだが、その儒教の根底にあるのが宗族制であり、儒教が知識であるのに対して、こちらは日常生活そのものである。「目に見えない形で農村人にも都会人にも影響を及ぼしている」という、その深さは、測り知れないというべきであろう。

今日の宗族制には、もうひとつ重要な問題がある。それははじめに指摘しておいた中央集権制と宗族という親族中心的制度との矛盾、宗族内自治と国家との矛盾である。近代国家は人間を個々の独立した存在としてとらえることで形成されるものであることは、ルソーの社会契約論をまつまでもない自明の理であろう。ところが、中国社会では宗族制の強固さのために、人間は個人的存在に解体できないままの状態である。むしろ、宗族内の存在であることを有利だとする雰囲気さえ感じられる。

一九八九年六月の天安門事件で海外に脱出した「民主活動家」は、この宗族的ネットワークを利用して脱出に成功したという説がある。その当時、私はパリに滞在していたが、パリ十三区には広東・潮州人たちの「会館」があり、亡命した中国人を受け入れる役割を果たしていたという噂を聞いた。宗族ネットワークの強固さを知れば知るほど、さもありなんと思われるのである。その後、私は一九九一年、一九九二年の二回、台湾の客家村落の調査を行なったが、その時に客家の同族的結合の広さ・強さに驚いたのである。いま、手元に『世界鄭氏宗親総会第十四次懇親大会紀念特刊』という五七〇頁もの写真入り冊子がある。これは、一九九六年に香港で開かれた、同じ鄭姓をもつ人々が大陸のほかにマニラ・バンコク・シンガポール・ホーチミン市・バンクーバー・サンフランシスコ・ペナン・ホノルル・ポンティアナック（インドネシア）・ホンコン・台北・高雄等から参加した世界的規模の懇親会である。宗親会は宗族とは異なるものである。しかし、同姓というだけで「本を追い源を溯り」「敦宗睦族」してお互いの連係と互助互恵を進めるというのである。この冊子には千数百人にのぼる参加者全員の国籍・連絡先・職業・写真・電話番号が記載されている。これは、鄭姓に限られた宗親会なのだが、陳姓・郭姓・王姓等々それぞれに、このような相互扶助の組織「宗親会」があることは、容易に推測できる。これらが経済的に、政治的に密接な連係をもっているとしたら、先の亡命者の手引きなどはいとも簡単なことであるまいか。前章「民間における儒教と道教」に『劉氏大宗譜』の写真を載せておいたが、この鄭氏宗親総会は劉氏よりもっと大規模な宗親会である。

孫文はかつて家族・宗族の観念を拡充して国家観念と為すという遺訓を残した（『三民主義』第五講）。しかし、宗族への愛は、国家愛へとすんなりと同心円的に拡大しうるものではない。しばしば矛盾し対立するものである。かつての軍閥は単に軍隊だけの勢力で成り立っていたのではない。その背後に地方の強大な宗族の人的物質的支援があってこそ存立しえたのである。小説『白鹿原』にも軍閥に協力した白・鹿二姓のことが出てくる。この宗族は、いわば弱小宗族であるから、人が提供されたにすぎない。宗族が存続するかぎり、中央の権力が弱まれば、いつ軍閥が再現してもおかしくはない。最近では噂として、軍隊をもった大宗族の話、学校を設けた大宗族の話を耳にするようになった。

むすび

しかも、考えなければならないのは、共産党という組織が国家の上に存在し、その党規が国家の法律に優先するというのが、今の中国の実態なのである。いわば、共産党は一種の巨大な宗族といえないこともない。共産党の幹部には四川閥・広東閥・湖南閥・上海閥などが存在しているのも宗族制の反映であろう。

中国の近代化は、この宗族制の克服にかかっているといってよい。しかしながら、現在進められている改革開放政策は、華僑や台湾からの経済投資に負っている部分が大きいと聞く。その実態は、先の石田浩の著書が詳細に指摘しているように、同族的結合にもとづくものである。この点は意外に日本では知られていないのだが。

「宗族」が消滅しないことについて、いわゆる「現代化」の時代になってからの、共産党員による興味深い証言があるのを引用しておこう、それは山東省の例であり、ここでは宗族を院と称している。

院という伝統的な親族組織は、中国の「現代化」の中で、いまだに力強く残って、むしろ最近の自由化の政策のなかでより一層その力を増してきている。院の将来について農民に質問した時、付き添っていた陵県県長の息子は、「院というものは永遠に続くものだ。姓が続きさえすれば、代が続けば、院は必ずある。終わることはない」と言い、農民たちも賛意を表わした。美術学校を卒業したばかりの、共産党のリーダーで県長を父にもつ若者が、ためらいもなく院の存在を肯定するところに、院という親族組織の根強さを、そして院のなかに蓄積された中国農村社会の基本を、私たちは見出したのである。（橋本満・李小慧「山東省小高家村」、橋本満・深尾葉子編『現代中国の底流』所収）

私たちは「華僑」とか「中華民族」といった抽象的な語や観念にまどわされてはならない。その実態は、牢固として存続している「宗族制」なのだということを知る必要がある。日本人は家族を背に負い、中国人はより大きく重い宗族を背に負っているのである。

【参考文献】

陳忠実『白鹿原』（林芳訳、中央公論社、一九九六年）
牧野巽「近世支那の宗族」（『支那家族研究』生活社、一九四四年）、今は『牧野巽著作集』第二巻（御茶の水書房、一九八〇年）『中国家族研究』（下）に「近世中国の宗族」と改題され収録。
O・ラング『中国の家族と社会』Ⅰ・Ⅱ（小川修訳、岩波書店、一九五三年）、特に第二部第一六章　ネポティズム（縁者贔屓）は今なお有益である。
石田浩『中国同族村落の社会経済構造――福建伝統農村と同族ネットワーク』（関西大学出版部、一九九六年）
橋本満・深尾葉子編『現代中国の底流』（行路社、一九九〇年）

4　宗族と復讐

はじめに

異文化を理解しようとする場合、私は、ある国あるいは民族の表層をなす文化にとらわれないで、根底をなしていて人々の行動や思考の原点となっている観念を洞察しなければならないと思っている。表層はたえず変化する。しかし、根底的なものは牢固として維持存続されていく。たえず変化していくものを追いかけるのも大切であろうが、それだけでは新しい事態に、いつ足もとをすくわれるかも知れない。そういう気の毒な学者の例を何人も知っている。私は現代ではなく、過去の歴史の中に根底をなす観念を探ってみたい。そういう観念は多くの場合、改まって議論されたり、書き残されたりすることはないだろう。というのは、人々にとっては自明のことであるかも知れないからである。それはいわば、土着なものとも言えよう。

私は中国人の思考や行動の根底をなしているもの、そのひとつは「気」の観念であり、もうひとつは、

「気」と密接に関わる「宗族」という血縁的人間関係だと考えている。「気」の観念は、中国人が社会、自然、人間に対処する態度に通底しているものであり、古代から今日に至るまで基本的には連続し維持されているのである。二例だけ挙げると、中国の伝統医学、鍼灸は身体を「気」のネットワークだという前提で成り立っている。また、絵画で追求されるのは西洋美術におけるような「美」ではなくて、画家がキャンバスに込めた「気韻生動」と呼ばれる価値である。

しかし、ここでは「気」の観念の社会的な現れ方を中心に考えてみることにしよう。中国人の人間関係における「気」の存在は、基本的には儒教社会、つまりは宗族 Lineage 制（父系親族集団）的人間関係の紐帯と考えられる。儒家は本来、「気」のつながりを基盤として「家」（宗族）→国→王朝→天下へと連続的に統治を拡大し発展させうると考えていた。一方、後発の道教も、「気」の観念を根拠にした、さまざまな方術、呪術によって民衆の現世的願望をかなえることを図った。

古代的宗族制社会が、中世において北方異民族の侵入により大きく動揺した後、科挙制と官僚制が発達すると、士大夫たちは、宗族制の復活と再編成を行なって自らの社会的地位の安定を求めようとする。そこで風水、相術、易占、四柱推命（生まれた年月日時という四つの要に基づく運勢判断）などの「気」の観念に根拠を置く種々の占術が登場してくる。士大夫たちは自らの政治的社会的地位の維持と上昇を求めるために、こうした占術を必要としたのである（文献①③）。今日も民間に盛んに行われている占術の多くは、このように科挙制や官僚制の確立した北宋時代に淵源を発して、民衆が財力を蓄えてくる明時代に広く行われるようになる。

以上に述べた占術の歴史を前提にして、今日の中国人社会にあって、占術が彼らのどのような願望を表現しているものなのか。そしてまた、今日では、占術の社会的基盤は何なのか。このような問題を台湾、香港、福建、東南アジア華人社会を調査した結果に基づいて説明してみよう。

なお、なぜ東南アジア華人社会をとりあげるのか、というと、ある民族の文化は異文化と接触する際に、その特性が出てくるということは、中国の歴史では、仏教との接触、キリスト教との接触という場面で中国文化の特質がはっきり表れてくることを知っているのであるが、それらは文献的知識であった。私は今回、東南アジアのバンコク、マレーシアの道教を調査して、ここでは中国文化がイスラム教、上座仏教の中で彼らのアイデンティティを強化する形で維持されていることを知ったからである。

一、宗族の団結＝繁栄

儒教についてルサンチマン ressentiment（怨念）の宗教と呼んだ人がいる。その人が儒教を ressentiment と言ったのは孔子が高い政治的理想を抱きながら実現できなかったのみならず、どの諸侯からも認められず、しかるべき官職にさえありつけなかったという怨みを指しているのであるが、私は別の意味で儒教は ressentiment が主要な要素をなしていると考えている。そのことは後で述べるとして、宗族について私はこれまで、宗族成員の団結、繁栄の側面を重視し、その社会における意味や弊害を指摘してきたが（文献①②）、今回は宗族相互の競争や復讐という側面に焦点を置いて考えてみたい。

先ず、宗族という組織について辞書的な簡略な説明を与えておきたい。これは古代からある始祖を同じくする同姓の男系血縁共同体であり、分派して異郷に住んでも同族である。このような宗族のシステムは、特に北宋時代以降、強化されて、その成員つまり同族の人々は、相互扶助して経済的な繁栄、社会的地位の安定を獲得するために一族の団結がさまざまな形で行われる。古い形の宗族では「宗譜」「宗祠」「族産」の三つが相互扶助、一族団結の主要な紐帯である。簡単にこれらを説明しておこう。宗譜というのは一言でいうと日本の系図に当たるものであるが、日本の系図の多くが系線でもって、せいぜい一枚の巻物に仕立てられているのに対して、宗譜は世系表、源流、祠記、墓記、族規、遺文などから成っている。世系表は、一族の始祖から現今に至るまでのタテの関係と、同一世代の族人の中の関係を示したもので、これは宗譜の生命とも言えるものであり、これによって同族であることが確認されるのである。いわば同族であることのアイデンティティが得られるのである。しかし、始祖はしばしば誇張される。例えば「劉氏宗譜」では、漢王朝の創始者・劉邦が始祖とされているように荒唐無稽な記載がある（本書三二頁上欄の図参照）。けれども、事実ではなくとも構わないのである。他の宗族に対して自分の一族の栄光を誇示できればよいのである。あたかも日本の系図がしばしば遠祖は清和天皇だの惟孝親王などと記載しているのと同様である。祠記というのは、宗祠に関する記述であり、これは住居とは別に建てられた祖先祭祀の行われる建物である。ここには科挙の試験に合格して高位高官をかちとった先祖の木主（位牌）が置かれ、その画像が掛けられている。そのような栄光の歴史と宗祠の建築の由来が記されている。墓記も重要な意味をもっている。そこには一族の先祖の葬られた墓の所在地とその坐向を示している。坐向は風水に関係している。墓がどういう地形に、どの向きに設けられているかを記

◉1　楊氏宗祠（泉州市南郊）『福建名祠』（台海出版社、一九九八年）より

載しているのであり、しばしば図で示される。墓図とか塋図《えいず》（三三頁上欄の図参照）とも称される。墓は祖先の遺体の葬られているところであるから、その方角が風水に適っているかどうかは、一族の繁栄にかかわる重大事である。族規は、宗族内のさまざまな規約のことで、違反者に対する制裁まで規定されている。これはしばしば、国法の埒外《らちがい》にあるとされ、王朝や国家も宗族内自治に干渉できないことがあり、近代化の大きな障害となっていた。

宗譜編纂の目的は、宗族の血縁関係を明確にして族人としての意識を自覚させ、宗族の栄誉や先人の業績を回顧し、さらに宗族のタテ、ヨコにつらなる体制を十分認識して相互に協力し、今後、宗族のいっそうの繁栄のために活動しようという意欲をかきたてるという点にある。宗族には本宗と支派があるから、本宗には本宗譜（大宗譜）があり、支派には

分宗譜（支宗譜）がある。力のある宗族になると、分厚い宗譜を編纂し、現存の族人の住所、職業、写真、電話番号まで添えられたものまである。

次に宗祠（家廟）であるが、これは祠記のところで述べたように、祖先祭祀を行う建物であり、その坐向は風水によって決められる。それは住居内の祖先の木主を置く祖堂（神明庁）とは別に建てられ、族員が春秋の二回集まって祭祀を行い、それは主として儒教的な儀礼を行い、時には演劇が奉納されることもある。その題目には宗族の発展拡大を願う意図をもつような演目が選ばれという。例えば、節婦の忍従と孝子の奮闘によって科挙の合格者を輩出し、一族の繁栄をかちとるというような内容の演目である（文献④）。

第三は族産である。一族の共有財産である。家族ごとの財産である私産に対して公産とも称される。祖先祭祀やそれに伴う宴会、演劇の費用を支出するための祭田、科挙受験者への援助費用、族中の貧困者への援助、老人への補助、慰労の費用がこの族産から支出される。富裕な宗族なら族人の子弟を教育するための義学という塾が設けられるが、その運営費、教師を招く費用も族産でまかなう。マラッカで陳氏書院というのがあったが、東南アジアの華人でも富豪は子弟教育のための私塾を設けているのである。

このような宗族制は、知られるかぎりでは、古く西周時代からあったが、今日の宗族制は北宋時代、十一世紀に科挙制が確立し、進士出身者による官僚が政治の実権を握るようになったことと密接な関係にある。宗族は代々絶えることなく官僚を輩出して、宗族の繁栄を維持していこうとする。官僚になれば、金銭的な見返りが得られるからである。それが中国社会の常識なのである。俸給以外の別途収入が得られるのである。だから、古い諺に「一人道を得れば、鶏犬も天に昇る」とある。そこで商人や農民でさえ、なんとかして官僚身分を得ようと躍起になるのである（文献①②）。

ところで最初に述べたように、宗族という社会システムは「気」の観念を基礎にしている。これは筆者の独断的な考えではなくて、中国人自身がそう言っているのである。例えば明代末の有名な学者でフランスのルソーにも比肩するとされる黄宗羲《こうそうぎ》の名著『明夷《めいい》待訪録』の「原臣篇」には「父と子は一気であり、子は父の身から分かれて、〔自分の〕身をつくっているのである」と述べている。この父子関係を拡大延長したものが宗族になるのである。ここで「一気」というのは「血」の連続を指していることは言うまでもない。「血気」という言葉があるが、中国医学では「血」は陰であり、気は陽であるとされていて、血気は裏表の関係にある。であるから、宗族というのは、いわば「気」のネットワークだと言える。同族の者はすべて同じ先祖から発する「気」によって互いに結合されているのである。

儒教には二つの側面がある。一つは祖先崇拝であり、もう一つは倫理道徳およびそれと一体になった政治理念である（ただし、漢代以降の儒教は、私見によれば法家的統治術を混入させており、儒教は表面的な粉飾に過ぎなくなっている）。後者については今は言及しない。祖先崇拝の前提となっているのが、宗族制である。先祖を祀るということは、先祖を鄭重に祀れば科挙に合格するとか一家が繁栄するとか商売が繁昌する

◉2　マラッカ蘇氏聯宗会

といった現世的利益が期待されているのである。日本のように「あの世で安らかにお休みください」というような祈りではない。中元の祭祀、あるいは清明節の墓前にどれほど多くの供え物が捧げられるかを見れば、彼らの期待の程が推測できよう。祀られる先祖は「気」であるが、それは「魂気」として存在しているのである。その先祖の気は、鄭重に祈れば自分の「気」に感応する、そして多くの現世的利益をもたらしてくれる、という深い信念が中国人にはあるのである。『論語』に「祭ること在《い》ますが如くせよ」（八佾）とあるが、ここでは先祖祭祀のことであり、先祖に孝を尽くすには、あたかも先祖のいます時のように「誠（まごころ）」をこめて祭れ、と朱子は注釈をつけているが、これを私なりにさらに敷衍《ふえん》して説明すると、先祖の姿形をありありとイメージとして思い浮かべなさい、そうすれば先祖の気と感応するであろう、と孔子は述べ、後世の朱子もまた同様に解釈しているのである。

　宗族については、これまで何度か書いたり話したりしているので、ここまでに止めたいが、ひとつだけ、これまで言及したことのない「聯宗会」「宗親会」と呼ばれている組織について若干述べておきたい。東南アジア華人社会では、「宗親会」「聯宗会」のような名称で事務所が構えられていることがある。図版2にマラッカの「蘇氏聯宗会」という看板が出てくるが、これは福建出身者の蘇姓をもつ宗族の連合団体である。同姓は同祖だと考えるのである。私は台湾・新竹で「劉氏大宗譜」というものを収集したが、これは新竹県に住む劉氏だけでなく、台湾だけでもない。かれらは劉氏世界宗親会を組織している。だから、そのバンコク支部、シンガポール支部等々、劉姓の多く住む都市には、その支部が設けられている。このような宗親会の主な目的は、経済的な相互扶助にあると思われるが、中には奨学金制度を設けて劉姓の中の頭脳優秀な青年には無償の奨学金を与えて国内海外の有名大学に進学させているものがある。

しかし、このような同姓連合の組織は大陸にはなくて、台湾や東南アジア華人に特有のものである。これらの地域では中国本土の政府の保護が得られないことから、自衛的な意味で組織されるようであり、自身の経済的利益の維持が重視されているのであろう。フィリピン華僑を中心にして一九六〇年ごろに成立したという六桂宗親会について論じられた文章の中に、宗親会結成の動機についての言及がある（文献⑤）。

海外に生活の場を切りひらこうとする人々が、血のつながりに頼って相互に助けあい、異民族のあなどりを防ぎ、何とか生きのびかつ繁栄せんがために作りあげた組織、それが宗親会である。そこで、米国や南洋一帯の華僑は、姓を同じくすることを特別に重く考え、その故にいくつもの宗親会を生み出してきたのである。

六桂宗親会というのは、洪、江、方、翁、汪、龔の六姓から成っている異姓の宗親会であり、この論文の著者は、この宗親会成立の背景を次のように説明している。「フィリピン社会の〝伝統〟と化しているかに思われる華僑嫌いは、第二次大戦後も一向に改善されるけはいがなかった。政治の面では、華僑住民は中共政府の手先のように噂され、カトリック信者の多いこの国の住民の白い眼が向けられる。経済の面ではこれと裏はらに、政府は何かと口害《ママ》をつけては華僑の築きあげた商業地盤を取りあげてしまおうと画策していた」と。そして、この著者が宗親会の性格を次のように指摘しているのは、たいへん興味深い。すなわち、「例えば「世界龍岡宗親会」のような組織の示すように、宗親会の有力なものは容易に近代国民国家の境界を越えることができる。〝多国籍企業〟さながらに世界大グローバルに伸びひろがっている華人社会を想定してみるならば、その一部分に生じた危機は、安全な他の部分への移動——人と金の——を誘うであろう。その際、国籍を超えた宗親会組織の存在が、移動の便宜を提供するであろうことは見やすい道理だ」と。

宗親会、これは恐るべき組織である。ここには事実としての「気」のつながりはほとんどない。血のつながる組織ではない。これら数姓が遠祖をたどれば同祖同姓に淵源するというのは、まったくの虚構にすぎない。にもかかわらず、単に同姓であるという理由で彼らはつながるのである。この論文には、同姓であるという理由だけでお互いが親密になれるという例を挙げている。とするならば、この同姓組織は擬似的な宗族と言えようか。私は二〇〇一年夏、東南アジアの華人社会を歩いた際に、この宗族や宗親会の組織の強さだけでなく、さらに印象深かったのは、同郷出身者の組織としての「会館」の多いこと、実際にそのひとつを訪ねて話を聞くに及んで同郷出身者の団結力の強さであった。同郷もまた「気」のつながりである。つまり、宗族が身体的な「気」のつながりであるとすれば、同郷は大地を流れる「気」――それは「風水」でいう大地を走る「気」でもある――のつながりである。これは擬似的な同族だと言える。ペナンだけでも、二十以上の会館がある。福建系は漳州会館、恵安会館、同安金厦《きんか》公会など、広東系は香山会館、寧陽会館、潮州会館、番禺会館など、ほかに客家《はっか》系もあり、また華人のセンターとしての華人大会堂もある。ペナンの人口の七割は華人だという。図版3はペナンの潮州会館。

◉3　潮州会館

会館には同郷人の組織の他に、同業者の組織（例えば文房具屋の文昌会館、薬屋の薬行会館）があるが、大陸の外では地縁的な会館がほとんどを占めている。地縁といっても、一県で作られたもの（香山会館、番禺会館など）、一府で作られたもの（広州府の嶺南会館、汀州会館、紹興会館など）、省単位に作られたもの（四川会館、広東会館など）、隣接した省が合同して作られたもの（湖広会館、両広会館など）や、あるいは地理的言語的一体感を伴った地域の人々で作られたもの（潮州会館、広州・肇慶二府の広肇会館など）がある。会館の経費は主に同郷人からの出資であり、特に同郷出身者の高官や富商の援助とその声望を利用した集金力だという。会館の組織は一定の資格を備えた会員と会員によって選ばれた董事《とうじ》によって運営される。会館の事業、これが最も重要であるが、第一には同郷者の交際や娯楽、つまりは情報交換の場である。第二には、同郷人の一時期の寄宿舎の役割を果たす。明清時代の北京の会館は科挙受験生のための宿舎でもあった。第三には慈善福利の業務を行う。異郷で死んだ者のために葬式や埋葬を行うのは会館の重要な任務である。中国人は本来郷土に埋葬されて子孫に祀られるのを当然のこととしているのであるが、異郷に住む者にとっては埋葬や墓地は最大の関心事である。ペナン、マラッカ、クアラルンプールには広大な墓地があったが、それには広東人、福建人という管轄があった。また、以前パリに滞在していた時に、しばしば食事したことのある十三区シュワジー通りの中華街は潮州人が大部分であったが、彼らはパリ郊外にやはり広大な墓地をもっていて、その管理はパリの潮州会館であった。第四には、宗教的祭祀を行うことであり、会館には彼らの郷土で深く信仰されている道教あるいは仏教の守護神が祀られている。潮州人の場合は玄天上帝（真武神）である。安渓人の場合は清水祖師（仏教系）である。広東客家は三山国王、漳州人は開漳聖王である。このような神仏の神体を郷里から携えてきて廟または会館（しばしば廟が先で会館は後になる）を建設し、これを中心にして街づくりをするという海外華人の歴史については、堀込憲二氏が指摘されている通りである（文献⑥）。第五に注意しておかなければならないことは、会館が同郷人に対して金銭を貸与するという事業をも行っていることであり、過去においては同郷の貧窮者に対して一種の地下銀行的な役割を果たしていたのであるが、今日では大陸の郷土に対する大きな金融パイプをなしている。石田浩氏はその著書（文献⑦）の中で、華人が郷里に投資援助する場合、同族ネットワークをパイプとしていることを指摘しているが、私はさらに、同郷の会館の役割も大きいのではないかと考えている。というのは、ペナンの潮州会館、クアラルンプールの福建会館を訪問し、その大陸での同郷との深い交流を知るに及んで経済的交流なしには、投資活動抜きには同郷との交流はあり得ないと感じたからである。ただし、私は経済問題にはうとく、また全くの専門外なので、これ以上の考察をすることはできない。

二、宗族の競争＝復讐（械闘）

『韓非子』の中に族人復讐の説話がある。孔子が弟子子貢の質問に答えた話である。「殷《いん》の法、灰を街に棄てる者を刑す。子貢重しと以為《おも》い之を仲尼《ちゆうじ》に問う。仲尼曰く、治の道を知れり。夫れ灰を街に棄つれば、必ず人を掩う。人を掩えば、人必ず怒り、怒れば則ち闘い、闘えば必ず父族・母族・妻族三族（どうし）相残《そこな》わん。此れ三族を残うの道なり。之を刑すと雖も可なり」（内儲説上・七術）。灰を道に棄てるというつまらない行為すらも、族人同士の死を賭した争いになると言う説話であるが、ここには宗族と宗族との争い、後世の械闘《かいとう》が登場しているのである。

宗族はその内部でこそ相互扶助と親睦という、まことに麗しい道徳が守られるのであるが、その外《そと》、つまり他の宗族に対しては冷たく熾烈《しれつ》で執念深い競争原理を自らのうちに備えている。これもまた、儒教倫理なのである。儒教では、「世仇」とか「世讐」と言われるような世代（一世とは三十年）を超えた復讐さえも是認されるのである。『春秋』三伝のひとつ、『公《く》羊伝《ようでん》』隠公十一年に「子にして讐《あだ》に復せざるは、子に非ざるなり」と言って復讐そのものを子孫の道徳的義務だとされている。子孫の先祖に対する「孝」として復讐が積極的に是認されているのである。魯国の襄公は先祖・哀公の讐を報いたのであるが、哀公は襄公にとって九世の遠祖である。しかし、『公羊伝』は「九世も猶お以て復讐すべきか。百世（三千年）と雖も可なり」（荘公四年）と積極的に肯定している。その範囲について、後漢の何《か》休《きゅう》は注釈の中で「礼として、父母の讐は同《とも》に天を戴かず、兄弟の讐は国を同じくせず、九族（異姓を含む父族四、母族三、妻族二）の讐は郷党（村落）を同じくせず」と説明している。九族とは、高祖から玄孫までの九世代であるが、その讐は相手が同じ村落にあっても復讐してよいのである（文献⑧⑨⑩）。史書にしばしば、「三族を夷《たい》らぐ」という記事が出てくるが、これは父方の一族、母方の一族、妻の一族を皆殺しにしたということである。なぜ、このような残酷な殺戮が行われるのか。それは、ひとえに復讐を恐れるがためである。このような族誅は遠い過去のことではない。かの文化大革命の際に劉少奇とその妻・王光美に対して、紅衛兵と称する若者が彼ら一族を「族誅」せよと叫んだという新聞記事を見て驚いたことがある。現代の若者でさえ一族の復讐を恐れたのである。墓暴きもまた、復讐の一環として当然のこととして行われる。かつて周恩来首相が、自分の死後は遺骸を葬らないで長江に骨を撒いてほしいと遺言したとか言われているが、これについて決して周恩来の美徳ではなくて、墓暴きを恐れたからだろうと批評した人がいた。以上のような意味で儒教はまことにressentiment（怨念）の宗教にほかならないのである。

ところで、械闘にはさまざまの種類があるが、最も多いのは、一宗族と別の宗族との間での争いである。また民間の帮会《ばんかい》（秘密結社）と結んだ宗族同士の争い、土着住民と外来住民との争い（これはいわゆる客家の土楼に典型的に見られる）、郷村同士の争いも多くあり、何らかの原因に発して械すなわち刀、銃などの武器をもって闘うのであり、中には平素から土塁を築いて備えているものさえある（客家土楼には銃座が設けられている）。械闘は明清時代に福建、広東など華南の農村に多く見られるのであるが、民国時代になっても絶えることがなく続いており、人民共和国成立以後でさえ広西省で水利を巡って械闘が発生したという記事を新聞で読んだことがあるから、宗族が続く限り根絶できないのかも知れない。

械闘の原因は、祖先の墳墓地の奪い合い、すなわち墓の風水に関わるもの、農業水利に関係したもの、土地、山林の境界に関するもの、墟場《きょじょう》（市場）・船渡のような税金に関わる場所の争い、龍船・村落の賽会での争いなどが多いと言われる。械闘の実際について、「閩《びん》の漳州、泉州や粤《えつ》の潮州、嘉州では、その風俗は気を尚《たっと》び闘を好み、しばしばわずかのことで眦《まなじり》を決しては、同族の衆《おお》きを恃《たの》んで党（なかま）を百人千人と聚めて刀や火器を執って期日を決めて闘う。死傷者はあい続き、時には報復を求めて世々仇讐を為すことがある」（張岳崧「閩粤風俗記」『松筠堂集』）という記事がある。族員は族長の指揮のもと命を投げても自分の宗族のために闘わねばならないし、族員はそれを名誉と心得て闘いに赴くのである（文献⑪⑫）。

械闘は遠い過ぎ去った時代のできごとではない。二十年前の新聞『中国時報』（台湾）一九九一年六月三日号の報道によると、湖南省永興県で、四月上旬、三日三晩にかけて、当地の黄・王の二大氏族が旧式散弾銃、ライフル銃、拳銃などの武器を持ち出して、双方千人を越える人数が参加するという大規模な械闘があったという。その原因は土地整理によって先祖の墓が破壊されたのを黄氏一族が怒ったのだという。

私は以上に宗族間の競争について簡単ながら述べてきたのであるが、ここに見られる復讐の観念も儒教倫理の重要な一側面であること、しかも今日にも、その観念を中国人は引きずっていることも指摘しておきたい。中国人の民族性について、かつて梁啓超はしばしば公共観念の欠如を挙げていたのであるが、おそらく同族内部では「長幼序あり」の秩序は今日でも生きているであろうが、同族の外では競争と排他的で冷たい態度になるのであろう。私たちが中国でしばしば経験することであるが、行列の割り込みや、乗り物の中での他人を踏み倒しても乗り込もうとする思いやりのなさも、同族の外の人間に対することなのだと考えれば十分理解できよう。清末に社会進化論が中国に伝来するのであるが、その競争原理はすでに古来から中国には存在していた、だから中国人は進化論の伝来には少しも驚かなかったのである。復讐について付言すると、今の中国では、戦時中、日本の承認を受けて建てられた国民政府の主席となった汪精衛（兆銘）は、今も漢奸《かんかん》（裏切り者）扱いを受けたままである。さらに遡って、南宋末に金国と和平を結んだ秦檜《しんかい》もまた、姦臣であり、裏切り者扱いされたままであるが、これらの人々は祀られることなく、冷たい扱いである。根底には復讐の観念と関わっていると思われる。極論といわれそうであるが、この復讐の観念は中国人の民族性として今日なお血の中に染みこんでいるのかも知れない。

三、呪符による守護

「気」でつらなる血縁共同体「宗族」の繁栄をいっそう確かなものとして保証するための方法が、呪術、占法などである。それも種々さまざまであり、風水術や呪符もその中に含まれる。宗祠、家廟や民宅の坐向を選択するには風水術に依存するが、建てられた後は、辟邪呪物や呪符によって邪悪な「気」に侵されないように守護するのである。

私は二〇〇〇年から三年間、科研費による「道教的密教的辟邪呪物の調査・研究」という課題で、台湾、華南、東南アジア華人街を主に呪符を収集したりビデオやカメラで撮影した。中国の中でなぜ北京や上海でなくて華南なのか。中国は共産党支配の国家であり、宗教活動の自由には厳しい制約があり、

◉4　家屋を守護する八卦（上）と獅頭（下）

◉5　家屋を守護する紙呪符

北京で道教の廟が残されているのは、白雲観、東嶽廟、碧霞宮だけであり、戦前の地図に載っている辻々の寺廟は全く消えてしまっているのである。共産党の権力支配の弱い地域に行かなければ道観や仏寺の実情は調査できないのである。そういう意味で華南（特に福建南部）を選んだのであり、また、台湾や東南アジアには宗教活動の自由は守られているから、いつでもどこでも調査できる。しかも、いずれも閩南系住民である。

さて、辟邪呪物は種々様々である。獅子牌、八卦牌、獅頭、風獅爺、石敢当、倒鏡、刀剣屏、照壁など種類は実に多い。図版4は、ペナンの邱公司という宗祠の宗議所の屋上の壁に填め込まれた八卦と獅頭（剣を銜えている）である。こういう呪物は台南の安平街でしばしば見た。ここは閩南系であるから、共通した呪物が用いられているのであろう。

呪符（おふだ）にしても、貼付用、佩帯用、嚥飲用など用途によって様々である。呪符もまた「気」であり、単なる模様の描かれた紙ではない。呪符を発布する符法師は斎戒沐浴して呪符を描くのであり、最後に「フー」と息を吹きかけるのである。このようにしてこそ、呪符に効能が宿るのである（文献⑬）。このようにして符法師からいただいた呪符を家屋の門、屋内などに貼付するのである。図版5は、台湾領の金門島（厦門の対岸）の宗祠の屋内で見た紙の呪符である。五方の柱上部に貼られているものの一つである。「剪刀符」と呼ばれる。図は、右から尺子（ものさし）、剪刀（鋏）、案（台）と上に載る円球であるが、「一家（一家とは同族の意）平安団円」の意味である。尺はタテに置かれているので「一」、鋏jiaは「家jia」と音が通ずる。案は「安」と音が通ずる。円は「団円」の意味。

◉6　家屋を守護する紙呪符

◉7　家屋を守護する紙呪符

紙の色は五方それぞれ異なる。東方は青、西方は白、南方は紅、北方は黒、中央（宗祠の入口の対方、木主の裏）は黄である。こういう呪符は宗祠家廟を守る「安五営」と称されて、宗祠家廟を建築した後に、一連の儀礼とともに道士から授けられる。葉鈞培（文献⑭）によれば、二日あるいは三日かけて行われる儀礼であり、第一段は「傀儡戯《かいらいぎ》」によって廟宇の中を浄める。第二段は「掀樑《きんりよう》」と言って、樑《はり》の上に「双鳳朝陽」（二羽の鳳が太陽に向かう）「双龍搶珠《そうじゆ》」（二頭の龍が珠をかすめ取る）「畫八卦」（八卦を画く）の図案を描く。第三段は「追龍」と言って、龍を宗祠家廟の中に追い込む儀礼。これは風水でいう龍脈を呼び込むのである。このような一連の儀礼に続くのが「安五営」であり、宗祠家廟の内部と外部のふたつに分かれる。上に述べたのは内部の場合であるが、外部の場合は、図版6、7のように、宗祠家廟の外の角《かど》の上下に呪符が置かれる鎮宅符である。この鎮宅符は家屋の五方（東西南北中央）に置かれている。下方の符は、左が竹符、右が磚《せん》符である（石頭符、鉄符、信罐符の加わる場合もある）。方角毎に色が異なる。金門島安岐の呉氏家廟に置かれた鎮宅符について、陸炳文氏はこう説明している（文献⑮）。「建築された後の安岐呉氏の家廟は、〔民国〕七十七年農暦十一月の吉日を択んで落成式を行い、その間、特別な儀式を行って「角符」を安置するのである。道士はやり方に従った後、口に呪文を唱え、それから鎮煞《ちんさつ》角符を祠宇の左前牆角に置く。これは鎮煞避邪するためのものであり、呉氏の家廟では今でも角符を安置している。角符ははげしい風にもまったく動かないから、一族の平安を長く保つことができる」と。宗祠家廟は宗族の象徴である。これを守護するということは、単にその建築物を守るだけに留まるのではない。宗族の安泰繁栄を保証するものである。そういう願いをこめた鎮宅符なのである。

むすび

東南アジアだけでなく、大陸や台湾でも一般民衆の中で信仰されているのは、儒教ではなくて、道教なのであるが、そういう実情を最も端的に示すのが、東南アジアの華人社会である。ここには孔子廟は存在しない。華人の中にも科挙を受けたり、進士に合格した者はいたのであるから、孔子を祀ることがあってもよいのであるが、儒教は華人民衆には不必要であったらしい。もっとも華人の中の指導者の伝記には、彼らが儒教、特に朱子学の勉強に励んだことが記されるのであるが、何か修飾的な記述のように思われる。儒教的修行は指導者たる者の条件と言えるのかも知れない。もっとも、華人も宗族の繁栄を祈願して宗祠で先祖を厚く祭り、また、墓石は鄭重に大きな形のものが作られていて、「孝」の観念の根強さを示している。ただし、「孝」は決して儒教特有のものではない。仏教でも道教でも「孝」を説いている。ペナンの道観に置かれていた善書のひとつに『父母恩重難報経』があったが、これは本来は仏教経典であり、我が国でも尊重されているのであるが、道教でもこれに倣った『太上老君説報父母恩重経』などが作られている。

ところで上に縷々述べてきたのは、中国人がいかに宗族的結合を重んじているか、この結合関係の中に彼らは生きていることを知る必要がある、ということである。たとえ知識人で宗族から独立しているかのように見えても、心理的習性は残っていて、彼らの関心事は、誰それと誰それとは姻戚関係だとか、同郷（擬似的同族関係）だとか、こういう方面には実に敏感であり、実際彼らが他国に旅行する場合には、この宗族とか同郷とかの関係を大いに利用するのである。東南アジア華人のように露骨な金銭、地位に関わる関係を伴っていないだけの違いである。

【参考文献】

①坂出祥伸『「気」と道教・方術の世界』（角川書店、一九九七年）所収の「孝と風水思想」「中国人の基底をなしている思想」。
②坂出祥伸「「宗族孝を称す」（論語・子路）」（内藤幹治編『今、なぜ中国研究か——古典と現代——』東方書店、二〇〇〇年。本書に「宗族とはなにか」と改題して収録）。
③坂出祥伸「道教と占い」（拙著『道家・道教の思想とその方術の研究』汲古書院、二〇〇九年、所収）。
④田仲一成『明清の戯曲』（創文社、二〇〇〇年）。
⑤鈴木満男「或る宗親会の誕生——Political field における漢人親族集団——」（宇野精一編『東アジアの思想と文化』韓国研究院、一九八〇年）。
⑥郭中端・堀込憲二『中国人の街づくり』（相模書房、一九八〇年）。
⑦石田浩『中国同族村落の社会経済構造研究——福建伝統農村と同族ネットワーク——』（関西大学出版部、一九九六年）。
⑧日原利国『春秋公羊伝の研究』（創文社、一九七六年）。特に「第二章、侠気と復讎」を参照。
⑨桑原隲蔵『中国の孝道』（講談社学術文庫、一九七七年）十五の（甲）復讎の項。
⑩牧野巽「漢代における復讎」（『中国家族研究』（下）牧野巽著作集第二巻所収、御茶の水書房、一九八〇年）。
⑪仁井田陞「中国の同族部落の械闘」（『中国の農村家族』所収、一九五二年）。
⑫徐揚傑『宋明家族制度史論』（中華書局、一九九五年）。
⑬坂出祥伸「道教の呪符について」（今は拙著『道教とはなにか』中央公論新社、二〇〇五年、に改訂して収録）
⑭葉鈞培『金門辟邪物』（台湾・稲田出版有限公司、一九九九年）。
⑮陸炳文『金門祖厝之旅』（台湾・稲田出版有限公司、一九九六年）。

第Ⅱ部　各地の道教と宗族

1　バンコク・ペナン・マラッカ・クアラルンプール華人街の中の道教

二〇〇一年八月二十四日から九月二日にかけて、中国大陸本来の漢族の居住地域とは違って、かれらの海外における移住先である東南アジアの華人街を調査し、道観仏寺を調査し呪符を収集した。私にとって東南アジアの旅そのものが初めての経験であったので、見るもの聞くことのすべてに、新鮮さを感じた。とりわけ、バンコクでは、どこへ行ってもタイ文字の看板、耳に聞こえてくるのはタイ語、どことなく広東語のような響きではあるが、どこか違っている。そしてペナン、マラッカでは英語が通ずるとはいうものの、イスラム特有の服装に奇異な感を受けた。しかしながら、私たちの目的は華人街であるから、その調査には大きなさしさわりはない。

一、バンコク華人街の宮廟

今度の調査では、バンコク華人街では名桜大学の山田均助教授（当時）と大阪外国語大学大学院学生（当時）・早川裕美子さんのお世話になった。山田氏はタイ仏教の専門家、早川さんは華人街にある報徳善堂を調査中とのことで、私たちにはうってつけの助っ人であった。山田氏はバンコクだけでなく、マレーシアにも同行していただいて、案内やら通訳をもしていただいた。

ところで、私たちというのは、岡山ノートルダム清心女子大（当時）の鄭正浩教授、関西大学講師（当時）の奈良行博氏と私の三名である。鄭先生は台湾出身なので福建語は母語であり、また、民間信仰の専門家である。奈良氏は道教専門家で大陸の宮廟はほとんどくまなく歩いている。

今回の調査で特に強い印象をもったことを中心に記録しておきたい。バンコクは華語で曼谷と表記される。また、バンコク華人街を現地の華人は唐人街と称している。バンコクの中央駅の西側一帯の地域であり、街路でいうと、サムペン街、ヤオワラート通り、チャルンクルン通りである（次頁上図参照）。

印象の強かった第一は、バンコク華人街で調査した二つの本頭公廟であり、これはバンコクだけではなくて、マラッカにも存在していた。どういう信仰なのか、初耳であって、色々質問したが、よく分からないし、帰国後、調べてもあまり理解できないでいる。

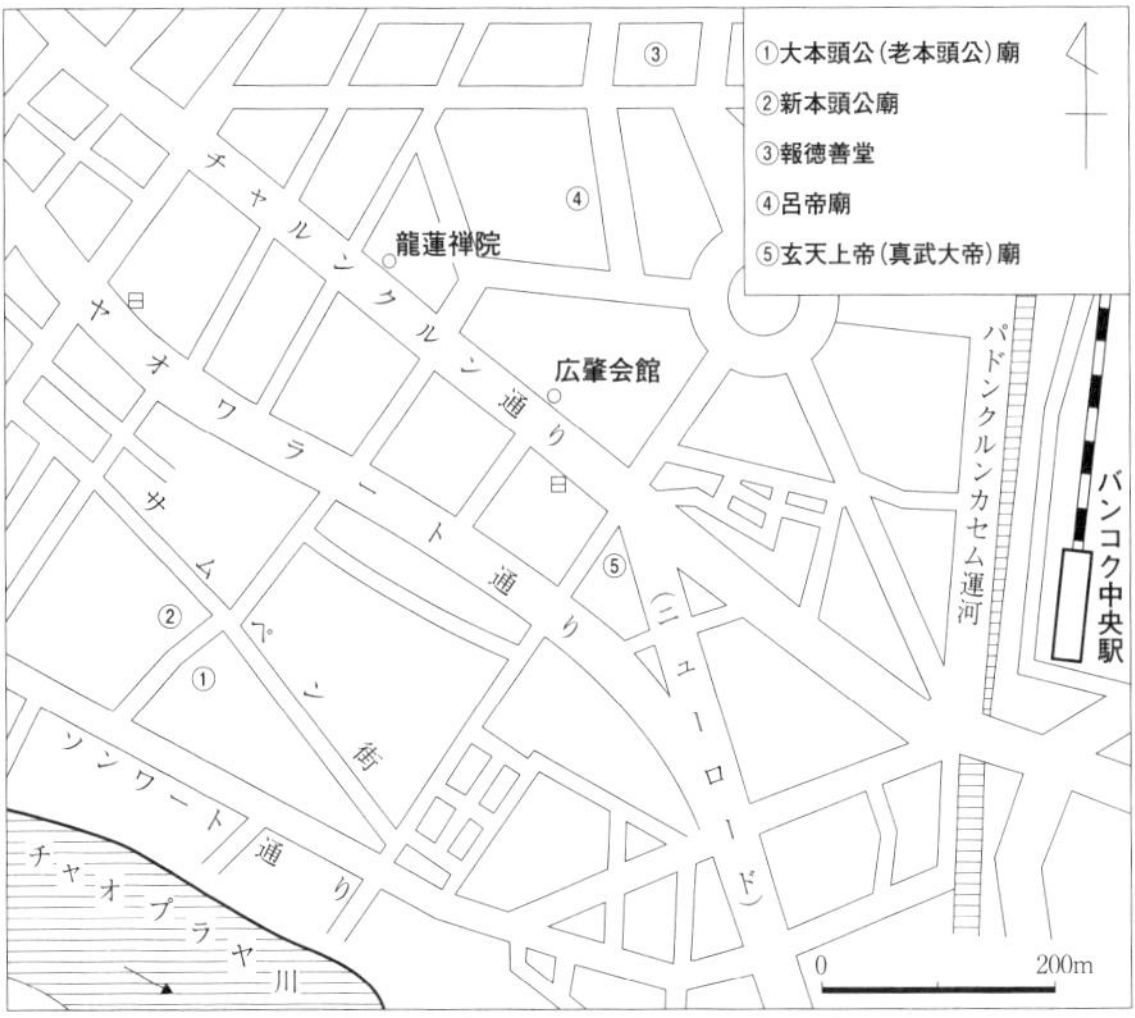

◉バンコクのチャイナタウン
『東南アジアのチャイナタウン』（山下清海、古今書院、1987年）158頁の地図に基づき、筆者が手を加えた

調査前に山田氏から段立生著『泰国的中式寺廟』（泰国大同社出版有限公司、一九九六年）という二二二頁にもなる詳細な調査報告書（後日、早川さんは、そのタイ語版を持参してきた）をいただき、また、『旅游手冊・曼谷市地図』（曼谷賅両公司出版社、一九八九年）という、すべて中国語で記載された地図をもいただいていた。本頁上のチャイナタウン地図は、山下清海氏『東南アジアのチャイナタウン』一五八頁の地図を基に、前記曼谷市地図の「華人商業中心区簡図」により補った。段立生氏によると、バンコク市内には、本頭公廟は三か所ある。すべて華人街のヤオワラート通りとソンワート通りの間のサムペ

◉1 老本頭公廟

◉2 老本頭公像

ン街の近くにある。先ず、段立生氏の本頭公についての解説を引用しよう。彼は本頭公を道教には含めないで「原始宗教の神祇」に分類した後、「すなわち本土公であり、また土地爺でもある。潮州人は本土公を本頭公と発音する。故にバンコクの土地神の廟は一般的に本頭公廟と書かれる。土地神の容貌は中国古代の農村の紳士そっくりで、白髪白髭で長袍を着て杖をつき、慈愛ある表情をしている」と述べている。さらに本頭公とペアになっている「本頭媽」について解説して、「これは潮州人の土地神には配偶があるとする習慣による呼称である」とし、中国本土では土地公と土地婆とはしばしばひとつの廟に祭られるがバンコクでは別の廟に分けて祭られることを指摘し、その理由として初期のタイへの漢人移住者が単身の男性「王老五」であり、女性がタイへ移住するようになったのは第二次大戦以後のことであり、そういう特徴の反映だという。つまり、先ず男性の本頭公を崇拝し後に本頭媽廟が造られたというのであろう。

大本頭公廟（図版1、2）は培英学校の前にあり、道光四年（一八二四）の建築。正殿の中央に玄天上帝、右側に本頭公、左側にその他の神々が祭られている。本頭公が主神にならないのは、玄天上帝よりも地位が低いからだと段氏は説明している。なお、大きな釣り鐘がふたつあって、これは創建にあたって「福建同安県

◉3　新本頭公像

安仁里の黄源順」が道光四年に寄進したものである。近くにある**新本頭公廟**（図版3）は小規模な建物で、道光九年（一八二九）の建築。本頭公のみが祭祀されている。**本頭媽廟**はチャルンクルン通りのサパーン・タークシン大橋の近くにあるというが実見していない。咸豊十一年（一八六一）の創建。中央に本頭媽、右に財神、左に関帝が祀られているという。

この本頭公像は、その後調査したマレーシアでは、バンコクのように廟名としては見られなかったが、マラッカ華人街の民宅で祖先の位牌に並んで祭られているのを見た。ところで、最近出版された『華僑華人百科全書・社区民俗巻』（中国華僑出版社、二〇〇〇年）の「大伯公」の項目を見ると、「福徳正神の俗称。また土地神、土地爺、本頭公などと称す」とある。ただし、そこには大伯公の説明しか与えられていない。

帰国後、ベトナム在住の道教研究者・大西和彦氏に電子メールで、潮州人の多いベトナムに本頭公信仰が伝わっていないかと問い合わせたところ、メールのお返事で、以下のようにベトナム南部に本頭公信仰が存在しているとの回答を寄せられた。

「ベトナムにおける本頭公信仰もやはり南部に見られ、本頭公はオンボン（翁本）

と呼ばれています。一八八二年にチュオン・ビン・キーが訳注を行いました一七七〇～一八一五年のサイゴンの風景を描写した『古嘉定風景詠』に「本頭巾寺を見ろよ、自分が王であることを敢えて忘れているようだ」という記述があります。ホーチミン市で現存します祭祀の場所としましては、第五区十四坊ハイトゥオンランオン通り二六四番地の二府廟がありまして、主神の福徳正神として安置されております。ホーチミン市革命博物館（編）『ホーチミン市歴史文化遺跡』（若年出版社、一九九八年）二五三頁注釈2に見える二府廟の解説では、同廟所蔵文献『嘉定城仏蹟考』を引用して、同廟のオンボンを周達観としています。」

と御教示され、さらに『ベトナムの社会と文化』第一号（一九九九年六月、風響社）に掲載の中西裕二「ベトナム南部・ソクチャン省D村における信仰と祭祀」という論文を参照するよう紹介された。この論文によると、確かにソクチャン町に本頭公が祀られていることが理解できる。「ソクチャン町の中心部にある、華人が運営する「和安会館」も「オンボンの廟」「オンボンの寺」と呼ばれている。漢字の書ける華人はオンボンを「本頭公」と書くが、それが何の神であるかを説明できる華人には出会っていない。ソクチャン町内にある Dinh Nam Ong というディンに本頭公の木像が祀られているが、ほとんど土地神（福徳神）と同じ白い

◉4　ヒューストン本頭公廟

髭を長く伸ばした老人の姿である」と論述され、さらにホーチミン市チョロン地区の福建系華人が運営する二府会館に祀られているオンボンは財神という性格が強いようだとされ、興味深いことにオンボン＝周達観（『真蠟風土記』の著者）あるいは鄭和という説を挙げている。

また、同行された鄭正浩教授は後日、「九八年ヒューストンで本頭公廟（図版4）を見たことがある。潮州会館と同居していました」とのメールを送られた。

以上に述べてきたところを総合して考えてみると、本頭公は潮州の地方的な土地神ではなかろうか、という結論になるのだが、今後機会があれば潮州を調査したいし、また、世界の潮州人居住地をも調査すればいいのかも知れない。

なお、台湾・中央研究院民族学研究所の『民族学研究所資料彙編』第九期（一九九四年）に劉麗芳・麦留芳「曼谷与新加坡華人廟宇及宗教習俗調査」という論文があり、その中に、本頭公について、詳細な考察があるので紹介する。その第二節「両地華人寺廟所拝神祇的来歴」（シンガポール・バンコク両地華人の寺廟で拝まれる神祇の来歴）の一、本頭公という項目を立てているが、その要点は以下のようである。

まず、許雲樵「大伯公二伯公与本頭公」（『南洋学報』第七巻第二輯、一九五一年）

に、本頭公は土地公が変化したもので、その性質は大伯公と同じであるという説明を引用し、それをさらに詳しく説いた天官賜の論文「大伯公是何方神聖」（『南洋文摘』第四巻第一輯、一九六三年）に、「大伯公は本頭公から蛻変《ぜいへん》したものであり、潮州人が本頭と称するのは本地のこと、すなわち頭目の意味であり、地頭とも称する。今日の団体の主席である。本頭公は死後は尊ばれて大伯公と称される（大意）」と述べているのを引用する。

しかし、劉麗芳・麦留芳の論文は別の見解を提示している。すなわち、閩粤《びんえつ》の村落には地頭あるいは地頭公という村民の事務をつかさどり、彼らの平安を守る地祇（土地神）がある。彼らが住居を他に移す場合には、その伝統的な信仰・観念を維持しようと、木材にその神像を彫って持参し、「地頭老爺」として拝む。「本地の地頭公」という意味である。それが後に省略されて「本頭公」となったのだ。この地祇は潮州各地で祀られていて、「地頭公」と称されている。つまり、本頭公は必ずしも大伯公の変化したものとは言えないという説である。

とにかく、本頭公の来歴には諸説あってはっきりしない神格である。それにしても、タイでは本頭公は最も多い神格であり、一九八一年の統計では、タイ全土で七〇〇余ある廟宇のうち、たいていの廟宇で祀られているのが、本頭公だとい

◉5　バンコク報徳善堂前

◉6　報徳善堂入口

う。

バンコク市内の廟宇では多くは主神とされているが、配祀される場合もある。商売繁盛とか家内安全の祈願の対象である。

その神像の姿形には二種あり、一種は武人の衣冠を着て右手に如意を握る。もう一種は文官の衣冠を着て坐っていて右手に如意の頭を握る。

印象深かった第二は、早川さんが調査中という**報徳善堂**という存在がいやがおうでも目につくということである。ちょうど時期は中元普度の行事の最中であったからでもあろうか。

報徳善堂（図版5、6）というのは、これは道教というより儒仏道三教が混淆した慈善組織であり、バンコクに始まり、マレーシア、シンガポールにまで広がっている。しかし、バンコクのものが最大である。その淵源は、十九世紀終りごろに潮州からバンコクに来た馬潤という名の華人が、郷土で深く信仰されていた宋代の名僧・大峰祖師（禅宗）の彫像を携えてきて、永順昌鏡荘の楼上に供えて祀ったのが始まりで、バンコクに住む華人は大部分が潮州出身であったので、大峰祖師を拝む者が日に日に多くなって、潮州と同様の廟、すなわち報徳善堂を設けるようになったという。というのは、当時バンコクに疫病が流行して病人は続

◉7　呂帝廟

◉8　玄天上帝廟

出し、多数の死者が出るようになって、大峰祖師廟の前で多くの人が焼香祈願したが、信徒たちは無主の死骸を収拾した。これが慈善事業の始まりとされている。現在の堂は一九一〇年ごろの建立である。

次には目にとまった宮廟を説明しておこう。

呂帝廟（図版7）：呂帝とは、いうまでもなく全真教で崇拝されている真人呂洞賓《りょどうひん》である。光緒二十八年（一九〇二）創建されたが、その後、火災に遭い、一九九二年に再建された。全真教の道観であれば、道士の修錬を行なうのが一般的であるが、ここは、正一派と同様に祈願や除災が行われているようである。四層の建物の第二層に太上老君、呂祖仙師、姜太公《きょうたいこう》が祀られ、第四層に玉皇大天尊が祀られているが、第一層、第三層には観世音菩薩、如来仏および小乗仏教の仏像が祀られていて、いかにもタイにある道観らしい。なぜ全真教系で崇拝される呂祖が、潮州人の多いバンコクで崇拝されるのか、段立生氏は説明していない。

ここには「仏歴二五四一年戊寅歳四月十四日呂祖純陽聖誕紀念刊　呂祖勸男女十戒　泰京賛化宮呂祖門下生曁衆善信敬印」と題する経典が置かれていた。華人が唱えるのであろう。

玄天上帝廟（図版8）：玄天上帝またの名は真武大帝を祀る。披髪《ひはつ》黒衣、剣を持ち、

◉9　同入口の虎の像

足は亀蛇を踏む。屠殺業者の職能神あるいは航海業者の守護神とされている。廟はかなり古く、道光十四年（一八三四）に創建されたという。しかし、現在の建物は一九七八年に再建されたもの。正殿の神龕には、中央に玄天上帝の塑像が置かれ、左右に清水《せいすい》祖師、天后聖母、李公爺、三宝仏公、福神、関聖帝君が供奉されている。門口に一対の大きな虎の彫像（図版9）が置かれている。タイの人々は、この廟を虎神廟と称している。つまり、玄天上帝はタイ人にとっては虎神となるのである。なお、この廟のおみくじは非常に霊験があるというので、おみくじを引くために、各地から華人だけでなくタイの人々もやってくるそうである。

二、マレーシア華人のなかの道教

八月二十六日夜、バンコク国際空港からタイ航空でペナン空港へ飛ぶ。八月二十七日から九月一日にかけてペナン、マラッカ、クアラルンプールの華人街の宮廟を調査したので報告したい。

先ず、二十七日、ペナンで調査したのは、俗称蛇寺（清水廟《せいすいびょう》）（図版10）と天公壇で、前者には清水祖師が祀られており、私たちは二〇〇〇年冬、福建・安渓県

◉10　ペナン蛇寺（清水祖師廟）花瓶に挿された枝には蛇がいる

の西北、蓬莱山上の精舎・清水巌を参観したが、ここが清水祖師の本尊であり、泉州人の崇拝する守護神である。

清水《せいすい》祖師（別名、蓬莱祖師、普庵祖師、俗称、祖師公）

詳しくいうと、清水祖師とは、宋代の高僧の名であり、俗姓陳、名は普足、福建永春県（泉州北方）の人。北宋・景祐四年（一〇三七）～建中靖国元年（一一〇一）。永春県高泰山に庵を結んでいたが、その名声を聞いた安渓・蓬莱の人が雨乞いのために迎えたが、蓬莱山に着いたところで大雨が降ったので、喜んだ当地の人は引き止めて張岩山（今の蓬莱山）に寺を建て住持になるよう求めたので清水岩に住むことになった。清水祖師は安渓で熱心に各地に橋梁を造るなどの慈善活動を行って百姓から尊敬された。去世後、その神像が彫られ礼拝された。顔が黒いので「烏《う》面《めん》法師」とも称され、また、鼻が欠けているので「落鼻《らくび》法師」とも称される。当地の人々は彫像を持ち出して「祈雨」を行った。南宋の隆興二年（一一六四）「照応大師」に封ぜられた。さらに「照応慈済大師」、また「照応広恵慈済大師」、最後は嘉定三年（一二一〇）、「照応広恵慈済善利大師」と加封された。清水祖師は祈雨のほか、治病、蝗虫駆逐、盗賊防御などさまざまな霊異を顕わしたので、その信仰は安渓県を超えて泉州府各県に広がり、さらには漳州、南平に広がり、明清時代には閩南を超えて浙江省温州・平陽の雁蕩《がんとう》、閩北の武夷山など、およそ岩のあるところには皆清水祖師の廟が伝播した。台南の清福寺、彰化の祖師廟、シンガポールの蓬萊寺、ペナンの蛇廟は有名である。蛇廟は清代の嘉慶か道光時期に建てられたが、なぜ蛇かというと、安渓出身の華僑がペナンを開拓した時、密林に蛇が出没したので清水祖師に蛇の鎮伏を頼んだ、清水祖師には仏法で毒蛇を退治したという伝説がある。ただし、福建には元来、蛇崇拝の風習があり、これと密林で出てくる蛇とが合体したという説もある。蛇廟では以前には、「祖師公蛇」がいたが、飼い馴らされていて香客を害することはなかったという（林国平・彭文宇『福建民間信仰』福建人民出版社、一九九三年）。

ここでちょっと面白い記事を紹介してみよう。JALシティ・ガイド・マップ19『クアラルンプール・ペナン』（一九九九年）という地図を私は調査に利用したのであるが、地図の裏側に「ペナン郊外の見どころ」という解説文がある。「蛇寺、不思議な力で病気を治したと伝えられる高僧を奉るために、一八五〇年に建立された儒教寺院。堂内にはいつしか蛇が棲みつき、信仰の対象として崇められている」と。これが日本の観光ガイド書の水準を示しているのであろうか。儒教寺院という言葉、聞いたことがないし、内容的にも少々調べれば上記のような解説で

◉11　ペナン天公壇

◉12　玉皇大帝

も書けるだろうにと思う。本書の第Ⅱ部4で鹿港の観光ガイドとして『台湾深度旅遊手冊7・鹿港』（遠流出版公司、二〇〇一年）を挙げておいたが、この出版社の観光ガイド書は、台北、台南など実によくできていて、日本の旅行ガイドを出版する人びとも見習うべきであろう。

さて、**天公壇**（図版11）は升旗山の中腹にあり、天公とは最高神である玉皇大帝（図版12）のことであり、したがって玉皇大帝を主神として観音、関聖帝君、斗母（九皇爺の母）、北斗星君、太陽星君、太陰星君、金光聖君、哪吒《なた》、雷公、雨師が祀られている。後日、分かったことだが、ペナンの車水路には九皇廟があり、九皇大帝が祀られているとのことであった。後で述べるように、この九皇大帝信仰はマレーシアでかなり広く盛んに行われているようである。

なお、ペナンでは路傍に**拿督公**《なとくこう》（Nadu Gong）（図版13、14）と刻された石が置かれているのが目についた。拿督については、かつて窪徳忠氏がかなり詳しく調査されて、「東南アジア在住華人の土地信仰」という報告の中でダトゥと表記されて解説されている。

以下には、窪論文を適宜端折って引用する。

ダトゥとは、マレー人のあいだで古くから信ぜられていた神で、イスラームの

◉13　拿徳公

◉14　同前

伝来以前からマレーシア地方にあった同地方固有の信仰といわれている。

マレー人の考えによれば、一種の精霊 Spirit といっても差支えないダトゥは、祈れば、人々を守り、繁栄させ、願いを叶えてくれるけれども、いやな人間を病気にかからせ、盲目にし、さらには殺したりすることができる。

シンガポールやマレーシア各地の中国系の廟の前や傍ら、華人居住地区の大樹や木の下、石とくに大石の付近やゴム園などで、しばしば高さ一メートル五十前後、正面幅一メートルほどの紅色にぬった小祠が造立されているのをみた。シンガポールではあまり多くはなかったが、マレーシアではしきりに目についた。これが、ダトゥを祀った小祠であった。

これらの小祠はすべて華人たちの造立したものであって、以前華人がいなかったころにはこのような小祠はなかったという。

紅色の小祠の内には「拿督公神位」「唐番拿督公神位」「唐番拿督財神」などと金文字で記した紅板を祀ってある場合が多い（唐は中国人、番はマレー人）。

拿督公はマレー人の崇拝する原始的神明である。拿督とはマレー語 Datoh の音を漢訳表記したもの。拿督には種々の意味がある。祖宗、祖先、祖父、祖母、父老、族長、長老など。拿督崇拝は人々から尊敬されていたあるマレー人の賢者が、

◉15 和勝宮

その死後、賢者の墓が神聖な場所として常に祭拝されたので、やがて普遍的な信仰となり、マレー人の崇拝する保護神となり、華人の崇拝する大伯公 Toapekong とあまり違わないものとされ、そこでマレー華人は拿督公と称するようになったという。

拿督公は、三叉路の入口、大樹の下、街路の要衝、庭園内、家屋の前後、商店、ビルなど、どこにでも設けられている。

拿督公の廟（神龕）の形式は、小さな部屋で三方は壁で前面は空いている。全体が紅色で塗られている。供え物には、果物、花、檳榔《ビンロウ》、栳《ろう》葉（樟に似た清香のある植物）、煙草など。神龕の両側に五言または七言の対聯が懸けられることがある。「拿管千家慶、督理萬戸安」「拿管家家倶吉慶、督理戸戸皆平安」の類。

翌二十八日は、マイクロバスでクアラルンプールに行き、ここで一泊した後、列車でマラッカに行く。マラッカの華人街には和勝宮、広福廟、青雲亭観音廟、三多廟があり、**和勝宮**（図版15）には仙師爺（盛明利）、四師爺（鍾来）を祀っているといわれる。どちらも当地のカピタンに任じられた広東出身の葉亜来（Yap Ah Loy）によるクアラルンプール統治を助けたといわれる。和勝宮の本殿には仙師

◉16　北添宮

◉17　北添宮廟内の神像
九皇大帝など

爺と四師爺の像が置かれている。こういう信仰は本土の広東にはなくて、マレーシアの広東系移民による先祖を祀る独特の信仰であろうと言われる。広福廟は華人街のはずれにある小さな廟である。ここにも仙師爺が祀られ、併せて黄老仙師が祀られている。

マラッカにはまた、**北添**（天ではない）**宮**があって、九皇大帝が祀られている（図版16、17）。この神は、翌日行ったクアラルンプールの南天宮とともにマレーシア華人による厚い信仰があり、その由来は明末清初の反清復明運動にまでさかのぼる。反清の義士九名が殺されて、その首が甕《かめ》に入れられて福建莆田県の殷州に流れついたが、それを漁民が拾って、農暦九月初一から九日まで九名のために喪に服したのが、この信仰の始まりであり、布に九皇大帝と天官賜福と書いた幟《のぼり》を立てた。その数百年後、郷民が海外に出た時、この九皇大帝の神像を奉持して先ずシャムのトンカー（現在のプーケット島の内杼斗母宮《ないちょとぼ》）に安置したが、さらに林庵という人物がアンパン（安邦）に分香分炉し、最初は斗母宮と称していたが、後に南天宮と称するようになった。当時、インド人がアンパンで錫鉱を開発していたが病人が続出したことがあり、その時、林庵は香火して九皇爺に扶乩《ふけい》を降すよう求めたところ、九皇爺が霊符、治療方などを示して、それが霊効があったの

◉18　マラッカ真空教道堂外観

◉19　同前　内部

で九皇爺の威霊は遠近に伝わったという（『九皇爺安邦南天宮一百卅週年紀年特刊、一九九二年』所載の「本宮九皇大帝来歴及本宮宮史」による。なお、原田正己「マレーシアの九皇信仰」『東方宗教』第五三号、一九七九年は、この信仰についての我が国唯一の研究である）。

もうひとつ、マラッカで注意をひいたのは**真空教道堂**（図版18、19）の存在である。真空教は清末に江西省で廖帝聘《りょうていへい》（一八二六～九三）が興した道釈儒三教合一の新興宗教であり、「復本還源、帰一帰空」を主旨とし、静座、静悟の修行によってアヘン中毒の治療を行っていたが、福建、広東に広まって後、マレーシア、シンガポール、タイなど東南アジア各地に伝播した。マラッカには一九二八年（民国十七年）に伝わり、ここにある「公立真空教道堂」もそのひとつで、ここに設けられたのは一九六五年だという。道場の正面上には「真空祖」と書かれた額縁が掲げられ、その両側には日月の図がある。ちょうど居合わせていた主席・李林財氏にいろいろと質問した。毎日の修練は、椅子に坐って両掌を重ねて何も考えずに瞑目し（真空にする）約二時間行う。三教合一というので儒教はどういう関係があるのかと尋ねると、儒教は関係がないという答えだった。道友は今、百人余りだそうだ。シンガポールの真空教との関係が密なのか、真空教新加坡聯合会発行の雑誌『帰一会刊』が置いてあった。歴史的なことは、野口鐵郎「東南アジア

◉20　クアラルンプール南天宮

◉21　クアラルンプール仙師四師堂

に流伝した二つの中国人の宗教」（酒井忠夫編『東南アジア華人文化と文化摩擦』巌南堂、昭和五十八年）によって分かるけれど、実際の見聞は初めてであった。

三〇日はクアラルンプールの華人街と寺廟の調査である。先ずは、マラッカの北添宮から分香されたアンパンの**南天宮**（図版20）に行く。九皇爺が祀られているのだが、地元出身である通訳の葉錦豊（Yap Kim Hong）さんは熱心な信者らしく、毎年の祭りには必ずお参りするが、御神体は見たことがないと何度も繰り返していた。たぶん御神体がないのであろう。次に行ったのは、**仙師四師宮**であり、これはマラッカと同様にマレーシアの開拓者である盛明利、鍾来《しょうらい》を祀っている。大勢の参拝者が線香をあげている。ここには、観音菩薩など仏教系の神像も別室に祀られている。関帝廟は広肇会館の中にあり、関聖帝君のほかに天后元君（媽祖）、山西夫子（関聖帝の別名）が併せ祀られている。

ついで三教合一の**宗賢堂**、**宗聖堂**を続けて見る。これらは明代に林《りん》兆《ちょう》恩《おん》によって創始された儒家思想を柱とする三教合一の宗教、三一教の祠堂である。もちろん林兆恩が主神として祀られている。三一教は福建各地の民衆に信仰されたが、清代になって民間信仰が厳しく取り締まられたので秘密宗教化し、清末には台湾に伝入した。また、同じ頃、福建・旧興化県（今、莆《ほ》田《でん》市）の人が東南アジア

◉22 クアラルンプール玄真胡道院

に移ったのに伴って、シンガポール、マレーシアの地に流入した。クアラルンプールには、四座の三一教の祠堂があり、宗賢堂はもと宗賢書院と称されていたが、一九七五年に現在地に移転した。教主林兆恩を主神とし左右に上陽真人卓晩春と観音大士を祀り、さらに護法龍天（仏教）、護道将軍（道教）、城隍老爺（道教）が配祀されている。ここは参詣者は少なかった。宗聖堂は一九四五年に建てられ、やはり教主林兆恩を主神としていて、その像が置かれ、その左には卓晩春、右には円通教主（観音）の像が置かれている。こちらは大勢の参詣者があって、ここでは扶乩も行われているらしく、その道具が置かれていた。また、ここでは占術も行われているらしく、それ用の部屋がある。陳氏書院、観音堂は観光ガイドブックにも載っている名所であるから、いちおう参観する。その後、華人街を呪符を求めて歩いている時、異様な建物に気づいた。屋内に神壇が設けられて、さまざまの呪符が掛けられているのである。聞けば全真教の道壇だそうである。場所はNo.124,Jalan Petaling,50000 Kuala Lumpur「吉隆坡《クアラルンプール》玄真胡道院」（図版22）と称されている。道士が外出していたので、電話連絡で翌日十二時に会う約束をとったが、ここで『馬来西亜神廟大典』（Malaysian Temples Directory）という一七八頁の大冊子を見つけたので、これは有益なものとコピーを依頼した。これは、馬

◉23　クアラルンプール天后宮に祀られる水尾聖娘

◉24　玄真胡道院　胡漢傑道長

来西亜道教組織聯合総会が設立された一九九七年にこれを記念して刊行されたものであろう。広告が多いが、上海社会科学院の陳耀庭や台湾大学哲学研究所の林安悟などの文章も載っているほか、マレーシアの宮廟の名や所在地が網羅されているのである。

さて翌日は、中国人墓地を見たり、近くの天后宮を訪問する。ここは福建系ではなくて海南島系らしく、媽祖（天后聖母、天妃）のほかに水尾聖娘（俗称・水尾娘娘）という海南島系の女神（海神あるいは子授けの女神）も祀られていた（通訳の葉さんはここから奨学金を得て進学したと話していた）。

これを見学した後、華人街に**玄真胡道院**を訪問し、主持・胡漢傑道長にインタビューする。自分の父は広東・番禺《ばんぐう》の出身で龍虎山に修行に行き、道籙《どうろく》（道士としての証書）を授かった正一派道士で胡良忠鼎法道人と号していたが、一九七〇年頃、マラッカに移住した。自分は全真教であり、道士ではなくて法師である。必要に応じて打醮《だしょう》（道教の厄払い）をやっている。『金剛経』『救苦天尊経』を唱える。北京の白雲観とは関係をもっていない。妻帯している。同行した奈良行博氏の話では、全真教でも広東あたりでは妻帯した道士もいるとのこと。また、道士の服装、すなわち道服を着て見せてくれた。

◉25　クアラルンプール
美容院の四階に福建会館

三、マレーシアの福建会館、呪符

私たちは、以上の宮廟の外に、華社研究中心を訪問して華人研究の資料を集めた。雑誌『資料与研究』二八号（一九九七年）には、周福堂「馬来西亜道教発展史」という論文が載っているし、また、ここの図書室にはマレーシア華人に関する文献が集められていて、今後の研究者には有益であろう。例えば、楊力・葉小牧『東南亜的福建人』（福建人民出版社、一九九三年）とか、『台湾師範大学歴史研究所専刊』二八（一九九八年）の李宝鑑「馬来西亜華人涵化之研究――以馬六甲為中心――」が見つかった。もうひとつ、訪問したのはクアラルンプールの福建会館である。なぜかというと、ペナン、マラッカ、クアラルンプールの華人街を歩いていて、会館の存在は目につくのに、宗族の話はインタビューしても出てこないからである。ただし、「聯宗会」という看板はしばしば見かけた。これは同姓を血縁の同族と見なして親睦や相互扶助を行う組織である。それでは、福建人は同郷出身者の親睦や相互扶助の方を重視しているのではなかろうか、と推測したからである。実際、ペナンでもマラッカでも福建会館はあった。そこで、予約をとって Jalan Hang Lekiu,41-A にある馬来西亜福建社団聯合会という、いわばマレーシア各地にある福建会館の連合団体を訪問したのである。ここの曾榮盛氏から説明を聞いたりしたのであるが、いただいた『馬来西亜福建社団聯合会四十周年紀年特刊一九五七―一九九七』という冊子を読むと、大陸の福建との経済的交流はきわめて活発であり、泉州、福州、厦門などへの投資活動は最も熱心に行われていることが分かる。宗族を通じての投資よりも、こういう同郷団体を通じての経済活動が重視されていることを感じた。また、これによると、各地の会館は全部で一六七という数にものぼっているが、この聯合会は優秀な青年十数人に毎年、奨貸学金（三～五年間）を与えている。世界福建同郷懇親大会が一九九四年以来開催されて三千人近い参加者が集まるという。私はこれまで、台湾で知った同姓の世界的組織に驚いていたのであるが、今回は同郷人の世界的組織に驚いてしまった。

なお、肝心の辟邪呪物のことであるが、マレーシアの華人街には種々の呪符が見られたが、その中には、台湾の澎湖島の天后宮や金門島の城隍廟、小金門島の民宅で見られた鋏、物差し、コンパスを描いた呪符が見られたのは、やはり福建系がここには残って伝わっていると、確認された。また、家の門の右肩あたりに「天官賜福」と書かれた呪符が置かれ、そこに線香があげられているのは、初めて見た。

余談になるが、ペナンにKhoo Kongsiという観光名所があるが、これは邱氏一族の宗祠である。Kongsiは漢字では公司と書くのではなかろうか。丘氏の宗祠であるとともに事務所の役割をもっていたのではなかろうか、と思う。公司は今日では会社の意味に用いられるが、古くは同業組織の名であり、マレーシアでは錫鉱の採集を福建人がやっていたので、今堀誠二『マラヤの華僑社会』（アジア経済研究所、一九七三年）には、宗祠のことを公司と呼んでいる例がいくつも出てくる。

＊　＊　＊

道教がこの異国の社会にあっても生き生きとして華人の生活の中に根づいているのに驚かされた。バンコクは潮州出身者の街なので主に潮州系の宮廟が多く、ペナン、マラッカ、クアラルンプールは福建人系の宮廟が多いが、どこも多くの参詣者があり、宮廟はそうした信仰者によって経済的に支えられているし、大きな宮廟には道士がいる。宮廟では中元節などの祭祀を行っているし、種々の呪符を発布している。それに引き比べて儒教の方は、孔子廟がどこにもないだけでなく、塾、書院のような教育機関の跡もほとんど残っていない。おそらく異民族に

◉26　クアラルンプール華人墓地

囲まれて暮らす華人にとっては、儒教の存在は不必要であって、逆に道教の神々のような現世利益的信仰こそが有用であったろうと思われる。仏教が観音信仰を除いては寺院が少ないのも示唆的である。

もう一つ驚いたのは、バンコク、ペナン、マラッカ、クアラルンプールいずれにも、広大な華人（福建人）墓地が設けられていて、土地の華人がその墓をいかに大切にしているかを教えられたことである。本来は自分たちの故郷に持って帰るべき遺骸を移住先に墳墓を設けて手厚く葬っているのである。祖先崇拝は異国にあっても絶えることはない。

さらに気づいたことは、華人社会での人間関係は宗族よりも会館が重んじられているように見えたことである。もちろん宗族もけっして軽視されているのではないが、会館という地縁組織の方がより強力なように見えた。

仏寺宮廟を問わず正壇の下にかならずといってよいほど虎の像が置かれていて、祭祀の対象となっていることである。どうやら仏寺宮廟を守護する役目をもっているのであろう。

【参考文献】

段立生『泰国的中式寺廟』（泰国大同社出版有限公司、一九九六年）

『華僑華人百科全書・社区民俗巻』（中国華僑出版社、二〇〇〇年）

今堀誠二『マラヤの華僑社会』（アジア経済研究所、一九七三年）

野口鐵郎「東南アジアに流伝した二つの中国人の宗教」（酒井忠夫編『東南アジア華人文化と文化摩擦』巌南堂、一九八三年）

林国平・彭文宇『福建民間信仰』（福建人民出版社、一九九三年）

『九皇爺安邦南天宮一百卅週年紀年特刊、一九九二年』所載「本宮九皇大帝来歴及本宮宮史」

原田正己「マレーシアの九皇信仰」（『東方宗教』第五三号、一九七九年）

日比野丈夫「マラヤ華僑の師爺廟とその祭神」（『東方宗教』第五八号、一九八一年）

劉麗芳・麦留芳「曼谷与新加坡華人廟宇及宗教習俗調査」（『民族学研究所資料彙編』第九期、一九九四年）

鄭正浩『漢人社会の礼楽文化と宗教』第八章「神々のヒエラルキーと生活空間の守護神特に、「三、華人社会における辟邪呪物と守護神信仰」（風響社、二〇〇九年）

大川富士夫「シンガポール・マレーシア地域の華人の会館と宗祠」（『立正大学文学部論叢』七二号、一九八二年）

大川富士夫「シンガポール・マレーシアにおける華人社会と宗族・宗祠」（酒井忠夫編『東

南アジアの華人文化と文化摩擦』巌南堂書店、一九八三年）
窪徳忠「東南アジア在住華人の土地信仰」（直江廣治・窪徳忠編『東南アジア華人社会の宗教文化に関する調査研究』南斗書房、一九八七年）
窪徳忠「マレーシアの土地神信仰」（窪徳忠編『東南アジア華人社会の宗教文化』耕土社、一九八一年）
中西裕二「ベトナム南部・ソクチャン省D村における信仰と祭祀」（『ベトナムの社会と文化』第一号、一九九九年、風響社）

2　シンガポール華人の住居・墓地・会館・宮廟

シンガポール華人の調査は二〇〇三年一月三日から八日にかけて行った。建築については専門外なので、山下清海氏などの著作から引用紹介する。

◉シンガポール　新しいショップハウス

一、建築

ショップハウス（店屋）

「華人街の景観で最も顕著なものは、家屋形態である。華人たちは伝統的に、ショップハウス（華語で「店屋」）と呼ばれる棟割り長屋形式の店舗兼用住宅に住んでいた。ショップハウスはふつう二、三階建てであり、一階は商店、上階は居住用になっている。ショップハウスの平面形は、間口が狭く奥行きが深い短冊型であることが、共通する特色である。ショップハウスは、中国の伝統的建築様式

◉シンガポールの古いショップハウス

にヨーロッパのスタイルを加味したもので、窓や柱などには東西文化の混合がみられる。ショップハウスの上階の居住部分は、本来の部屋を簡単な板壁で区切って小部屋がつくられている。これは、狭い居住空間に多くの人員を収容するためになされたものである。一般にショップハウスの間借り人は、家賃をできるだけ節約するために、自分が使用する居住空間を別人にまた貸しする。こうして、また貸しが繰り返されていく過程で、ひとりあたりの居住空間はますます縮小していくことになる。一軒のショップハウスはいくつかの世帯が同居することが多く、台所、トイレ、シャワーなどは世帯間で共用される。（中略）このようなショップハウスは華人街の人口密度を高めるとともに、居住条件を悪化させ、次第にスラム化していった。」（山下清海『東南アジアのチャイナタウン』古今書院、一九八七年）

「（古いショップハウスは）一九世紀後半から一九三〇年頃にかけて建てられ、パステル調のピンクやブルーの壁、ヨーロッパ風やマレー風の装飾に色鮮やかな花柄タイル、装飾的門扉を持ったものをプラナカン（マレー化した華人）様式と呼んでいる。」（綾部恒雄編『もっと知りたいシンガポール』弘文堂、一九九四年）

台湾の鹿港にも同様の建築様式があって有名である。「店屋」と呼ばれる。本書二〇〇頁、鹿港の店屋の解説とその上欄の写真を参照されたい。

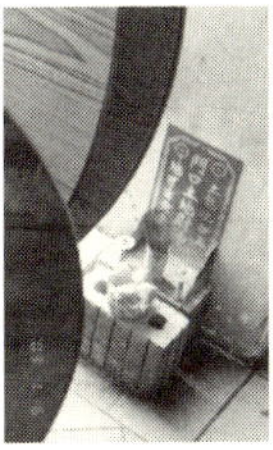

◉五脚基下の呪物「土地財神」

五脚基

「ショップハウスの道路に面した側は、日本の深雪地帯で見られる造り込み雁木《がんぎ》状の長廊になっている。これらは「亭仔脚チンズジャオ」（大陸では「騎楼チーロウ」と呼ばれる）として知られているが、シンガポールやマレーシアの華人は、ゴ・カキ（go-kaki）、あるいはカキ・リマ（kaki-lima）と呼び、中国語では「五脚基」と表記される。これは、福建人の呼び方が一般化したものである。一方、イギリス人は five-foot way と呼ぶ。「五脚基」の名称は、シンガポール開港直後のラッフルズの都市計画に由来する。その計画では、すべての建物の前面に、覆いのある約五フィート幅の歩道を設けることが要求された。

五脚基は、もう一つの機能を持っている。すなわち、タバコや菓子、新聞・雑誌、音楽テープ、その他さまざまな小間物を売る露天商や、床屋、代書屋、手相見、靴屋などの活動の場としても重要である。また、五脚基の柱には、「天官賜福」「門口　土地財神」などと書かれた赤い祭壇が設けられているのをよく見かける。」（山下清海『東南アジアのチャイナタウン』）

＊カキはマレー語でフィートを意味し、ゴ（福建語）およびリマ（マレー語）は、ともに数

字の五を意味する。これらの呼称は、五脚基の幅が従来五フィート（約一・五メートル）であったことに由来する。しかし今日みられる五脚基の多くは幅二メートルあまりである。（同前）

＊一八二二年、ラッフルズは訓令を発し、大通りに面した地面は約五フィート幅で連続した「走廊」にすることを規定した。しかし、五フィート幅の「走廊」は一八八五年以前の建築絵画にも出現している。（『華僑・華人百科全書・社区民俗巻』中国華僑出版社、二〇〇〇年）

◉シンガポール　高層フラット

高層建築

シンガポールには地震がないそうで、四十階ほどもある高層建築が多い。前述の華人が居住するショップハウスは、政府の都市再開発政策によって次第に姿を消しつつあり、一部は観光化されて保存されているのが実情である。一方、「政府は住宅開発庁（Housing Development Board　略称 HDB）を通じて、その土地を一戸あたり約一万シンガポールドルの立ち退き補償金によって買収して再開発に供し、住民には **HDB** が建設した郊外の、二十階もある高層フラットに移住することを推奨した。その結果、統計によれば、**HDB** フラットの居住者は十年前には全人口（約二二六万）の六九％であったのに、一九九〇年には八六％に達している。」

（『もっと知りたいシンガポール』）広さは3 LDKだが日本のそれよりも広いという。

二、墓地

シンガポールにはキリスト教、回教、ユダヤ教、ヒンズー教などの宗教別の墓地がある。華人墓地は、Bukit Brown、Choa Chu Kang、Kheam Hock Road、Victoria Park Roadの四箇所にあるが、最も大きいのはP.I.E（Pan-Island Expressway）の北側、西にLornie Road、東にThomson Roadに挟まれた広大な丘陵Mount Alveniani全体を占めるBukit Brown Cemeteryである。調査の最終日に、ガイド林さんは私たちをここに案内してくれた。ここは福建人の墓地である。出身地は、墓碑の碑面に刻まれた原籍によって容易に分かる。しかも多くは閩南（福建南部）である。墓石の形式はだいたい亀甲型であるが、破風墓もいくらかはあり、ヤマト墓と同じ形式のも見られる。破風墓は台北県北部でも見たことがある。なお、これらは土葬が一般的だった時代のものであり、現在は火葬に変わっている。火葬場は三箇所あるというが、見ていない。

◉シンガポール福建人墓地

◉天福宮

◉晋江会館内部

三、会館、公会・総会、宗祠

会館と一口に言っても、同郷出身者による地縁的組織としての会館、また同宗ないしは同姓による結合組織としての会館、同業者の業縁を紐帯とする会館があるが、多くは同郷出身者によって組織された会館を指す。

東南アジア華人は出身地別（県、郷、鎮）などによる相互扶助、情報交換などの組織とその集会所として会館をもっている。シンガポールに限らず、華人の住む土地にはたいてい存在する。これらの県、郷、鎮単位の会館を統合するのが省単位の会館であり、福建会館や広東会館である。東南アジアには、この二つのほかに江西会館、海南島の瓊州《けいしゅう》会館がある。その建物の内部は本来は同郷出身者の一時的宿泊施設、あるいは本土の郷里で祀られている神格を主神として、その他の神々を祀る信仰施設などがあったが、今日では会館運営の事務室や会議室が主な施設になっている。

福建会館は修理中であったが、本来は天福宮の中にあり、道光三十年（一八五〇）の創建。晋江会館は晋江県（現在は市、泉州の南）、南安会館は南安県（現在は市、泉州の東）の出身者のための相互扶助の組織として成立した。

◉黄氏総会内部

晋江会館を訪問したのは、二〇〇二年夏、マニラ華人街を調査した時に晋江出身者が多かった、特に有力者がそうであったので、シンガポールはどうであろうか、と思って訪問したが、折悪しく会館の役員が亡くなったとかで面談できなかった。一九一八年成立、会員一一七八名。「晋江人士の感情を聯絡し、会員郷親の福利と教育を弁理し、中華文化の優良な伝統を保有しかつ発揚する」のが宗旨である（晋江会館ホームページ）。ここで『新加坡晋江会館会訊三慶大典特輯』という分厚い冊子を頂戴した。福建の晋江をはじめマレーシア、ミャンマー、インドネシア、香港など世界各地の晋江社団の状況が報告されている。

　同宗もしくは同姓の会館をシンガポールでは、公会とか総会と称していて、ショップハウスの階上に「〇〇公会」「〇〇総会」という大きな標識が見られた。華人街にある海南陳氏公会もその一つである。黄氏総会と称されているのは、聯宗つまり同姓を束ねた組織のようである。ただし、白氏公会の場合も後述の族譜を見るとやはり聯宗になっているから、総会と公会にどのような区別があるのか、江夏黄氏公会を訪ねて質問すると、黄循松氏が対応されて、『南洋黄氏総会金禧紀念特刊』という南洋黄氏総会が発行した冊子を下さった。これによると、『黄氏大成宗譜』（一九二三年）を引用して、「第一世の祖は昌意公、有熊《ゆうゆう》氏（軒轅《けんえん》黄帝）

◉白氏宗祠

◉九仙宮白氏宗祠

之子為《な》り」「昌意は顓頊《せんぎょく》に伝わり……」と説明している。つまりは、黄氏の遠祖は黄帝にまで遡れるというのである。そして、世界黄氏宗親総会大会に参加した各地の宗親会、公会などの聯宗の代表は、「黄氏は皆仲間だ、団結すべきだ」と演説している。台北、マニラ、香港、マレーシア、ロサンジェルス、ボストンなどから参加している。まことに恐るべき結合力である。同姓であっても同一宗族ではないのだが、いわゆる聯宗にしたてあげる、遠祖や原籍を異にしていてもかまわない、東南アジア華人社会では相互扶助のために、このような形式をとることが多い。

白氏公会や孫氏公会では族譜（宗譜）を頂戴した。新加坡白氏公会編修『白氏族譜』（一九八九年）は一〇〇〇頁にも及ぶ大冊であり、孫氏公会からいただいたのは、なんと大陸の瀋陽にある白山出版社から出版された陸允昌編『中国孫氏世系源流』（一九九九年）八二五頁であった。つまり、大陸の社会主義社会でさえ公然と族譜が復活公刊されるようになったのである。族譜は「文化大革命」時期には強制的に焼却させたのであり、宗族制を根絶することが中国社会主義の大きな眼目であったにもかかわらずである。

宗祠は宗族の先祖の位牌を置いて祀る場所であり、住居とは別に設けられる。

◉九仙宮外景

先祖祭祀は春秋二回行うのが正式であるが、今日では大勢の族員が集まるのが困難になっているので、年一回、それも清明節に行うという例もある。

シンガポールの宗祠で陳氏宗祠（一八八三年建立）が保赤宮と称して、廟内に聖王・陳元光を供奉し、別に玉皇大帝や天后娘娘などをも供奉しているのは、大陸や台湾で見る宗祠のありかたとは異なっている。陳元光は唐代の人で漳州を開発して尊崇を受けたという。なお、陳氏宗祠とはいうものの、陳姓は帝舜の後裔だとして、そのほかに姚、虞、胡、袁、田、孫、陸の七姓も同様に帝舜の後裔だとして、この宗祠に祀られている。

白氏宗祠（一九二八年建立）は公会とは別にあるが、それは九仙宮（又の名を玄女媽宮）と称されて、九天玄女娘娘（女媧）と田都元帥（戯劇・音楽の道教神）を祖神として祀っている。二つの宗祠はもちろん、先祖の位牌を祀っている。田都元帥については本書一九九頁にやや詳しく説明している。

◉雙林城隍廟

◉都城隍廟

四、道観宮廟

城隍廟　都市の守護神。南北朝時代末期ごろから始まったらしい。唐代では祈雨、祈晴の対象となり、明清時代には「護国安邦、除暴安良、統括亡魂、調風和雨」の神格となる。城隍廟内には文判、武判が置かれているが、これは泰山信仰や仏教の冥土説の影響を受けて生前の所業に対する善悪の審判を下す神格ともされるようになったのである。なお、明代には官制を反映して各都・府・州・県に城隍廟が設けられ、都城隍廟、府城隍廟、州城隍廟、県城隍廟のランクができ、それぞれに王、公、侯、伯の爵位が加封されるようになった。シンガポールで「都」城隍廟というのは当地の華人がかってに呼称したのであろう。シンガポールで私たちは二つの城隍廟を見学したが、最初に見た雙林城隍廟はTOA PAYOH区にあり、たいへん賑わっていて線香の煙が絶えず立ち昇っていた。隣の雙林寺という観音菩薩を祀る寺はさびれている。もうひとつの都城隍廟はPeck Seah Street にあり、ここも参詣者が多い。ここは光緒三十一年（一九〇五）、福州・鼓山で受戒した瑞于《ずいう》上人が南来してシンガポールの大富豪・邱菽園《きゅうしゅくえん》の援助で建てたという。城隍神の左には白虎大将軍の神壇があり、左には青龍がある。白虎には二差官、

◉金蘭廟外景

◉金蘭廟内　清水祖師像

武判官、森羅閻君の三位の神明が随侍している。城隍神の右には二つの神壇があり、註生《ちゅうせい》娘娘《ニャンニャン》（子授けの女神）、大差官、文判官の三位の神明が祀られている。正殿の背後には圓通禅室があり、開山・瑞于上人の画像が掛けてあるという。

金蘭廟　永春・泉州人が道光二十年（一八三〇）に建立した清水《せいすい》祖師を祀る廟である。俗称「菜市仔」、シンガポールの閩帮《びんぱん》の秘密結社であり、金蘭とはその交情の深いことに喩えており、「金のように堅く蘭のように芳しい」の意である。今堀誠二氏によれば、「金蘭廟という名前は、会党の廟以外には使われないのが普通である。ここには清水祖師がまつられている。清水祖師は青帮《チンパン》の一派、清水教の祖師であるから、この廟は会党の会館である」（『マラヤの華僑社会』一九七三年）という。「清水祖師は青帮の一派、清水教の祖師」というのはよく分からない。清水祖師は福建省の泉州、安渓県の人びとに篤く信仰されている宋代の高僧。「その彫像は、袈裟をまとい、五仏冠を戴いた、痩身の僧形坐像だが、顔が黒いために烏面《うめん》祖師とも俗称される」（『道教事典』）。詳しくは本書第Ⅱ部1のペナン蛇寺の項を見ていただきたい。金蘭廟の中には、道光十九年（一八二九）の紀年のある「金蘭廟碑」があり、七十四人の名が刻されている。彼らが廟の創始者であり、また秘密結社の人々であろう。別に「重建金蘭廟碑記」という石碑があり、

◉大伯公像

これは光緒七年（一八九一）、閩帮の首領のひとり、章芳琳が立てたものである。

　金蘭廟は古くは秘密結社の人々の集会所であったが、一八七〇年代に宗教的な廟宇に変わったという。章芳琳は一八八一年独力で金蘭廟を重修したが、その時にはすでに宗教的な廟に変わっていた。現在は福建会館が管理している。清水祖師のほか包公大人、註生娘娘を併せ祀っている。包公大人とは、北宋の清官・包《ほう》拯《じょう》を尊崇した呼称であろう。元曲や明の小説あるいは京劇にはしばしば包公として登場する。シンガポールには一九九五年完成の天聖壇、俗称包公廟があるという。場所は不明。これは大陸の開封にある包公祠を模したものだという（唐黎標「新加坡寺廟攬勝」『上海道教』二〇〇四年第二期）。

　金蘭廟の左隣に地蔵王廟があり、有刺鉄線で金蘭廟と地蔵王廟とが囲まれている。これによって二廟が密接な関係にあることが分かる。

麟山亭　玄天上帝、法主公、玉皇上帝を祀る。咸豊十年（一八六〇）建立された潮州人の廟。玄天上帝は北方七宿の代称である玄武が神格化されたもので、亀蛇を下に配置する。真武大帝、北極佑聖真君とも称され、妖魔退治の武神。法主公は全身黒色、右手に剣を握り、左手に印を結び、肩に蛇を掛け足に火輪を踏む。法力にたよる巫覡《ふげき》の守護神（『道教事典』）。

◉東嶽廟

◉東嶽廟　活無常・死有分

大伯公　「福徳正神の俗称。一般には土地公と呼ばれる。広東の客家の間で伯公、大伯公と呼ばれて広く信仰され、清代初めには華僑により東南アジアにも伝えられた。マレー半島ではマレー人の土地神である拿督公Datohと習合し、唐番拿督公とする神位も現れた。中国人の開拓者としての守護神となる。家屋や事務所などの床の上に祠が置かれ、赤色の木片に神名が書かれている。」（『華僑・華人事典』二〇〇二年、弘文堂）しかし、大伯公の素性や由来については異説が多い。本書九五～九六頁をも参照されたい。

東嶽大帝　東嶽廟の主神、北京の東嶽廟は古くから有名。「五嶽の一つの東嶽泰山の神で、東嶽天斉仁聖大帝が正しい呼称。泰山府君とも呼ばれる。東嶽廟には、死者を連行する白衣の活無常（陽無常）と黒衣の死有分（陰無常）がいる。長身長衣で長帽をかぶり、舌を出して、手に火籤（犯人逮捕を伝達する火縄）をかつぐ謝将軍、比較的短躯で目を見ひらき、大口で、鋭い歯をのぞかせ、鉄鎖を左手に、賞罰善悪の四字を記す板面を右手にかざす范将軍が従っている（『道教事典』）。

玉皇殿　光緒十三年（一八八七）、福建帮の首領・章芳琳が創建した。この廟には儒教、道教、仏教三教の神明が同じ廟宇内に祀られている他に地方神も併せ祀られている。道教に属するのは玉皇上帝、南斗六星、北斗九皇、二十四天将、三元

◉玉皇殿外景

◉玉皇大帝

大帝。地方神に属するのは大伯公、太陽神、灶君（竈神）、天后娘娘（媽祖、天妃）、天后太陰神、註生娘娘（子授けの女神）。仏教に属するのは観音仏祖、地蔵王、如来仏、阿弥陀仏、弥勒仏、普渡爺。儒教に属するのは孔子公である。

　正殿は玉皇宮であり、道教神を祀っており、正門の近くは天王君の神壇であり、三元大帝が祀られ、孔夫子の像はその一角に置かれている。内殿には仏教神が主に祀られている。玉皇殿の構造は、玉皇殿は玉皇宮が主殿であり、道教神が主であり、内殿は副殿であり、仏教神が主であり、地方神の神壇は主殿・副殿の両側に置かれている、という配置から、玉皇殿では道教が主であり、仏教は副であって、地方神や儒教、祖先祭祀は陪祀されているという宗教体系が伺える。

玉皇大帝　宋代以降、民間信仰のなかで最高神であり、玉皇上帝とも天帝とも呼ばれるが、民衆は老天爺、玉皇爺と呼んで、玉皇に最大の親愛感を示している。そのはたらきは、竈神から年末に、一年間の人間の行為の善悪を観察し、翌年の禍福を決定するための報告（功過格の帳簿）を聞いて、それによって判決を下すのである。その他にも、人間界を司宰している神々からの報告はすべて玉皇大帝のもとに集まる。また、所在の神に祈願しても顕応のない場合には、最後に玉皇に祈る。生誕日は旧暦一月九日（『道教事典』）。

◉孔子公像

◉鳳山寺　広沢尊主

孔子公　玉皇殿などで孔夫子が「孔子公」あるいは「孔子爺」と称されて祀られている。こういう呼び方はシンガポールで初めて知ったし、また玉皇殿では玉皇大帝の配下にあり、城隍廟では城隍爺の配下にあるという祀られかたも初見であり、たいへん驚いた。こういう遇され方を儒教崇拝者が知ったら憤慨するに違いない。元来、孔子は一般民衆（老百姓）とは無関係であるが、科挙制度のないシンガポールでは、民間信仰の諸神のひとつであり、日本の菅原道真のように学業上達、試験合格などの保護神と考えられているようである。

なお、道教諸神の学問成就の守護神としては「文昌帝君」もしくは「梓潼《しどう》帝君」と称される神格がある。これは元来、四川地方の俗神であったが今では全国的な信仰となって祀られている。

鳳山寺　福建南安県を中心に閩南で広く信仰されている「広沢尊王」を祀る。広沢尊王とは、安渓県清渓の人（一説に南安県郭山の人と）郭忠福が仙化して後に与えられた尊称である。彼は後唐《こうとう》・同光元年（九二三）に生まれ、父が亡くなって後、母とともに南安県郭山に移住したが、後晋《こうしん》・天福二年（九三八）彼は牛を連れ酒を持って郭山に登ったが日が暮れても帰らないので村人が探すと、郭山の古い藤の木の上で蛻化《ぜいか》（身体が抜け出て昇仙する）していた。そこで村人は彼を祀って廟を立て「郭山廟」と呼んだ。あるいは「将軍廟」とも。又の名を「鳳山寺」ともいう。以後、郭忠福は南安では道教的俗神として信仰され、しばしば霊験があらわれ、地域の民を水害や旱魃から救い盗賊から護るなどの守護神として崇拝されたので、宋代では初め「威鎮広沢侯」、後に「威鎮忠応孚恵威武英烈広沢尊王」という封号を賜り、明清時代にはその信仰は南安以外の閩南一帯に広がって、やがて台湾にも広沢尊王廟が建てられ（台南・西門や台北府城外）、さらに東南アジア移民とともにシンガポール、マレーシアにも伝えられた。民間では広沢尊王は病を治すのがうまいと信じられ、その配下に十三太保、百七将がいて、それぞれ神通力があって万病を治すという。生誕日は旧暦二月二十六日（林国平・彭文宇『福建民間信仰』福建人民出版社、一九九三年）。

シンガポールの鳳山寺は道光十六年（一八三六）、南安の人・梁壬癸《りょうじんき》によって建立された。はじめは小さな廟宇であったが、同治七年（一八六八）、やや規模の大きな建物ができ、さらに光緒三十三年（一九〇七）、商人・林露らが Mohamed Sultan Road の Institution Hill に土地を購入して、翌三十四年、新しく鳳山寺の建立に着手し、建築材料はすべて本土から運んで民国二年（一九一三）完成した。鳳山寺の名は福建・南安の同名の寺名に由来し、神像や香炉も福建・南安からもた

◉保赤宮　陳氏宗祠の神像

らされている。主神は広沢尊王、俗に郭聖王。広沢尊王の左には城隍公、大哥爺、二哥爺を、右には福徳正神、太陽公、黒虎将軍、下壇元帥、八部差官が祀られている。その他に、寺の左殿に観音、右殿に早い時期の住持・瑞于《ずいう》上人の画像を祀る。そばに南安会館（一九二六年創設）があり、南安人の集会所となっている。ここを訪問したら『新加坡南安会館七十周年特刊』と題する分厚い冊子をくださった。

保赤宮の「開漳聖王」

開漳《かいしょう》聖王というのは、唐代に漳浦《しょうほ》県から独立して初めて漳州を設けて（垂拱《すいきょう》四年、六八六）、盗賊が跋扈《ばっこ》した荒蕪の土地を開発し発展させる功績を立てた左玉鈴衛翊府《えいよくふ》左郎将軍・陳元光（六五七〜七一一）であり、彼を尊崇し祀った威恵廟は早くも唐代に始まり、宋・元・明・清代と時代を追うごとに次第に多くなって、福建全体に広がった。漳浦には今では開漳聖王を祀る廟は百二座もあり、ほとんどどの村にも威恵廟があるという。二月十五日は陳元光の生誕日、四月十日は陳元光が王に封ぜられた紀念日、十一月五日は陳元光忌日。なお、左玉鈴衛翊府左郎将軍の封号は別の資料では「豹韜《ひょうとう》衛鎮軍大将軍臨漳侯」となっている。保赤宮の陳氏宗祠には広東潮州籍の陳氏も加えられている。なお、本書一二五頁の陳氏宗祠の項をも、あわせて読んでいただきたい。

五、シンガポール道教総会

58,Somme,Rd に、李至旺《りしおう》氏を会長とする「新加坡《シンガポール》道教総会」を訪問した。会長陳業茂氏は不在であったが、副会長の陳国顕氏が対応してくれた。一九九〇年に成立し、年刊の『道教文化月』誌を発行している。全真教龍門派に属しているといい、北京・白雲観とも交流があって、白雲観代表がシンガポール道教総会を訪問している場面の写真が『道教文化月』誌に載っていたし、またフランスの道教学者シッペールやラガウエイも訪問しているようである。その傘下には大士伯公宮、玄天仙廟、金鳳廟、新加坡三清道教会、玉皇殿など二十七座の宮廟があり、一九九三年新加坡道教総発行の「護国祈安大清醮暨超度大法会特刊」では麟山亭なども加わって六十座にも増えている。

【参考文献】

山下清海『東南アジアのチャイナタウン』(古今書院、一九八七年)

綾部恒雄・石井米雄編『もっと知りたいシンガポール』(弘文堂、一九九四年)

今堀誠二『マラヤの華僑社会』(アジア経済研究所、一九七三年)

大川富士夫「シンガポール・マレーシア地域の華人の会館と宗祠」（『立正大学文学部論叢』七二号、一九八二年）
大川富士夫「シンガポール・マレーシアにおける華人社会と宗族・宗祠」（酒井忠夫編『東南アジアの華人文化と文化摩擦』巌南堂書店、一九八三年）
可児弘明ほか編『華僑・華人事典』（弘文堂、二〇〇二年）
野口鐵郎ほか編『道教事典』（平河出版社、一九九四年）
唐黎標「新加坡寺廟攬勝」（『上海道教』二〇〇四年第二期）
徐暁望『福建民間信仰源流』（福建教育出版社、一九九三年
林国平・彭文宇『福建民間信仰』（福建人民出版社、一九九三年）
鄭国棟・林勝利・陳垂成『泉州道教』（鷺江出版社、一九九三年）
林孝勝等『石叻古蹟』（南洋学会、一九七五年、沖縄国際大学窪徳忠文庫所蔵）
唐黎標「新加坡寺廟攬勝」（『上海道教』二〇〇四年第二期）
華僑華人百科全書編集委員会編『華僑華人百科全書・社区民俗巻』（中国華僑出版社、二〇〇〇年）

【附】華郷としての厦門・泉州・香港の道教と宮廟

辟邪呪物と「気」、何の関係もなさそうに思う人が多いことであろうが、私は「天地人はみな一気」という考えに立っているのであって、だから呪符も単なる紙切れではないし、沖縄の「シーサー」によく似た金門島の風獅爺《フォンシーイエ》も、屏風（ビンフォン、沖縄ではヒンプン）も、すべてが「気」にかかわる辟邪呪物なのである。

ところで私は二〇〇〇年から二〇〇三年まで三年間、台湾や中国大陸、東南アジア、沖縄の道教密教にかかわる辟邪呪物の収集調査を行っている。二〇〇〇年夏は台南の安平区や高雄近くの東港鎮、金門島で調査を行ったのだが、都市化、近代化の波に洗われて、辟邪呪物はめっきり減っている。ただ、獅頭牌、八卦牌や倒立鏡などは今も門の上に掛けられている。安平区には刀剣型の屏風すなわち刀剣屏や石造あるいはコンクリート製の大きな照壁《ジヤオビー》（屏風形だが移動できない）が寺の前に据え付けられている。これも邪気払いのためである。あまりに大きな照壁は、そこに彫刻されている麒麟や蝙蝠の図柄に圧倒されて照壁とは気づかない。これらはいずれも邪気払いを目的とする辟邪呪物である。台湾でも今はこの安平区ぐらいにしか残っていないだろう。しかし、台南の人々の先祖は、海を隔てた大陸の福建省から渡来したのであるから、きっと福建南部、いわゆる閩南《びんなん》には今も伝承されているかも知れないという推測を立てて、二〇〇〇年十二月二十四日から二〇〇一年一月二日にかけて厦門・泉州方面を歩いて回った。以下は、その報告の一部である。

なお、表題に「華郷」という見慣れない漢語を用いたが、これは華人の郷土というほどの意味であって、特に東南アジアに移住した華人を考察する場合、彼らが郷土から運んできた神格、信仰、風俗習慣との連続、不連続を問題にしたいからである。

厦門で

厦門空港からタクシーで市内に入って、先ず驚いたのは近代的ビルが林立していることであった。持参した『台南市民俗辟邪物図集』（台南市政府、一九九〇年）をガイドの李建華氏に見せて、こういうものを見たいといったが、厦門市内には

●青礁慈済宮

ないという返事だ。また、道教の宮廟をいくつか挙げて探してくれるよう頼んだが、これも取り壊されたり、移転されたりで探すのは難しいという返事だ。そこで、翌日（十二月二十五日）は、海滄《かいそう》大橋を渡って先ず海滄鎮にある**青礁《せいしょう》慈済宮《さいきゅう》**に案内された。ここは保生大帝すなわち呉真人（呉本《ごとう》、北宋の名医）を祀っている。台北にも孔子廟の近くに保生宮があるので、保生大帝の名はご存じの人もあろうが、呉真人はこの近くの白礁《はくしょう》村の生まれである。この慈済宮は、台湾の信者の多額の寄進によって再建されたもののようである。ここでは、赤い紙に上部に八卦図を描き三清の印、勅令保生大帝の文字を書いた木版の呪符とプラスチックの板に宮廟内にある保生大帝像の写真のある護身符をいただいた。呉本はもともと、このあたりで医者として多くの人々を救ったので、死後、青礁に塑像が建てられて祀られたという。その後、祠廟が建てられ、祠廟の前から仙泉が湧き出て万病に効いたというような奇跡が起こり、次第に多くの人々の厚い信仰を得るようになった。その信仰は閩南全体に、更に台湾や東南アジアに広がっていった。初め呉本は「英恵侯」「忠顕侯」のような儒教的な賜号であったのが南宋のころには「慈済真人」「普祐真人」「孚《ふ》恵《けい》真人」のような道教的賜号に代わっている。この頃から、呉本の神格も次第に変化して医神から地方の守護神となり、道教的色彩

◉白礁慈済宮　保生大帝

◉漳州市内の呪符「姜尚在此」

も濃厚になっていったらしい。

なお、この廟の風水については、同行された研究分担者の先生が磁石を持参されていて完全な北坐南向と測られたし、また魯班《ろばん》尺で廟の門口の幅と高さを測られて、「興旺《こうおう》」「財進」の目盛りに適っていた。これらは全て「気」に密接に関わることであり、従って、この宮廟の繁栄をもたらすことを示している。「気」が論じられる時、中国人にとっては「福禄寿」の観念と密接に関わることとして考えるのであり、つまり、彼等の生活や人生に関わっているのであって、その点が日本人の受け止め方と根本的に違うのである。

さて、続いて案内されたのは、青礁村からほど遠くないが、龍海市に属する白礁村の慈済宮である。ここでは呪符を木版刷りしている光景が見られた。また、その近くのかなり高い山の上には呉真人錬丹の岩があり案内されたが、それは後世に作られた伝説であろう。

翌日、厦門の西八十キロほど、バスの時間にして二時間かかるところの都市・漳州に行くと、ここには古い街並みが残っていて、家々の門に色々な呪符が貼ってある。八卦の下に「姜尚《きょうしょう》 在此（姜尚此《ここ》に在り）」とか「文王在此（文王此に在り）」（写真）と書いた赤い大きな呪符が多い。姜尚即ち尚姜は太公望呂尚のことで、姓

◉漳州市街

は姜、海辺に隠居していたのを周の文王に見出され、その亡き後は武王を助けて殷の紂《ちゅう》王を滅ぼして周王朝の建国に尽くした。ただし、なぜ呪符に尚姜が登場するのか。帰国後調べてみると、晋・張華『博物志』巻七によると、太公尚姜が灌壇令であった時、風雨の調節がうまくできたという話があり、そこで江南の民間習俗として、尚姜を尊んで風雨を鎮める神とされるようになった（陳永世編『中国方術大辞典』中山大学出版社、一九九一年）とか、また、明代の小説『封神《ほうしん》演義』で太公が群神の筆頭とされ最も権威を備えた神とされているので、そこで民間習俗では、駆邪避鬼を行う場合、「太公在此、諸神退位」とか、「姜太公在此、百無禁忌（姜太公此に在り、百も禁忌無し）」と書いたものを貼ると、平安無事で大吉大利があるとされるという（胡孚琛『中華道教大辞典』中国社会科学出版社、一九九五年）。どうやら、後者の説明の方が納得がいく。

この古い街並みには、今にも崩れそうな家が多い。すでに、ブルドーザーがあちこちで活躍して古い家を壊している。一、二年後には、すっかり景観が変わっていることであろう。そして、呪符もきっと少なくなっていることだろう。

漳州には道教協会があって、その事務所である、慈恵宮に行って会長、副会長に会う。副会長は呪符を書くと聞いたので、彼の書いた呪符を見せていただいた

●老君巌

●富美宮

が、それは木版で刷ったものであり、ただし、その図柄は彼自身の考えにもとづいている。その授け方や効能などを話してくれた。

二十七日、二十八日は泉州を調査したが、漳州ほどの収穫は得られなかったが、泉州清源山の麓に有名な老子石像、すなわち老君巌がある。これは高さ五メートル、幅七メートル、厚さ七メートルあり、天然の岩石を彫ったもので、宋代の道教彫刻として知られている。さらに強行軍ではあったが、泉州東湖路にある海外交通史博物館を訪れた。泉州は回教徒の居住地であり、遠く中近東やアラブなどの回教圏から航海して渡来し先ずここに上陸するのである。イスラム教の石刻などの遺物を見学する。また、宋代の外航船の復原されたものも陳列されている。近くの開元寺も参観する。寺の前に石造の東西二つの塔があり、南宋時代に建てられたものである。

二十九日は泉州、安渓の調査。先ず、蕭望之《しょうぼうし》を祀る**富美宮**を見学する。蕭望之が主神というのは初見である。五代の時、王潮・王審知兄弟が福建の地に閩《びん》国を建てたが、彼らに従った諸姓は北方に帰らずに定着し、その中の蕭姓一族はその祖先で前漢の大官である蕭望之を崇拝していたので、その信仰が伝わったのだという（呉幼雄『泉州宗教文化』鷺江出版社、一九九二年）。

◉清水巌遠景

ついで安渓郊外の蓬萊山にある清水祖師《せいすいそし》を祀る清水巌祖師廟を見学する。宋代に清水祖師が創建したと伝えられるが、現存の建物は明清時代のもの。楼閣風で三層から成る。第一層は昊天口、第二層は祖師殿、第三層は釈迦楼。清水祖師は東南アジアでも信仰されている。安渓市内の東嶽寺と城隍廟を見学する。三十日は厦門に戻り、全真教系の太清宮を見学する。

厦門、泉州では、共産党の強力な宗教政策のために、同時にいわゆる沿海地区であることから、華僑からの投資による経済発展と近代化が著しく、旧市街の面貌はすっかり変化していて、台南で見られたような呪符や辟邪呪物はほとんど消滅していた。わずかに、やや奥地になる漳州に残存していただけであった。

香港で

三十一日は、九龍半島新界・屯門の青松観、粉嶺の蓬瀛《ほうえい》仙舘、黄大仙廟、九龍塘・律倫街の省善真堂を訪問し、一月一日は、澳門《マカオ》を見学するというように、呪符についての期待は全然なくて、道教全真教の道観を見学する。

全真教については、台湾にはほとんど流入していないが、北京の白雲観という全真教の大叢林は二度見学したことがあり、また小柳司気太の名著『白雲観志』

◉省善真堂内部

によっていくらかは知っているが、北京以外で見た全真教道観は三十日に厦門で見学した太清宮だけである。したがって従来、私には全真教にはなじみが薄く、この派でも呪符を発布しているとは思いもよらなかったのであるが、青松観でも蓬瀛仙舘でも道士が古い呪符を取り出して見せてくれた。それはそれで興味深いものではあったが、ここでは省略して**省善真堂**で見た扶乩《ふけい》（フーチーと発音する。また、扶鸞《ふらん》とも称される）という日本の「こっくりさん」に近い占術を紹介しよう。この扶乩は、「気」にもとづく占術である。

全くご存じない方も多いと思われるので、先ず、『「道教」の大事典』（新人物往来社、一九九四年刊）の志賀市子「扶乩」の項目の説明を引用しておく。「扶乩は中国では非常に古くから行われてきた降神術の一種である。通常、桃枝や柳枝で作られたT字型あるいはY字型の乩筆を一人か二人の乩手で支えもつ。神霊が降臨すると乩筆が動き、砂を薄く敷いた沙盤の上に文字や記号が描き出される。これを乩手自身あるいは側に控える第三者が読みあげ、書写して神の乩示とする。書写された乩示は普通、五言あるいは七言の漢詩の体裁をとっている。信者たちはそれに解釈を施し、神からのメッセージを読みとるのである。」

私たちが省善真堂で見た様子は以下のようであった。先ず、信者が紙に占って

◉扶乱

ほしいことを書き、それを記録係の女性に渡す。それを乱手の側にいる男性（唱鸞）が乱手に告げる。そこで、乱手（後でいただいた名刺には「鸞生」とあった）がT字型の乱筆を持ち、乱手が乱筆を動かして一字ができると、それを側にいる人（唱鸞という）が読みあげ、さらに記録係（録鸞という）が決まった形式の紙に記録していく（上欄の写真）。乱手の乱筆が何度も動いて一通りの啓示が終わった後に、文章になったものを録鸞が問者に渡していた。私の場合は、中国語で占ってほしい事柄を書いたのだが（内容は省略）、録鸞から渡されたのは、こういう文章であった。「男者流年逢双冲心思有失不安（ここで一字抹消）詳（?）。女者性強多善変化。祇有一條是真心。愛護有加能満足。自然回心扱（?・報）君恩。不為己性有碍阻。不為相譲気難忍。有此原因応有改才是真愛不受疑是也。庚辰年十二月初六日」と。おおよその文意は分かるが、意味不明の箇所もある。これに要した時間は十分ぐらいか。

この扶乱のメカニズムについて、志賀市子『近代中国のシャーマニズムと道教』（勉誠出版、一九九九年）の七五頁で、多くの乱手は「気」の概念で説明すると述べている。「気」が頭から入ってきて乱筆を動かす、そこには「感応」の感覚が生じるとも述べている。

この扶乩の歴史は古いが、道教との関わりは非常に深く、梁の陶弘景の『真《しん》誥《こう》』二十巻は、扶乩のお告げを集めたものともいえる。その後、扶乩は宋時代になると、読書人や官僚の間でも重視されたらしく、南宋・洪邁《こうまい》『夷堅志』には科挙試の前に合否を占った記事が見られるが、明清時代には特に盛んになり、士民を問わず行われたらしい（合山究「明清の文人とオカルト趣味」荒井健編『中華文人の生活』平凡社、一九九四年）。道教では全真教龍門派に取り入れられたようである。ヴィルヘルムがドイツ語訳した『太乙金華宗旨』は、今や瞑想を説く中国の古典として広く知られているが、これが実は清朝初期の全真教龍門派系の太乙法派の扶乩集団の乱壇（道壇）で行われた扶乩によるお告げを集めた書物であるということは、すでに道教研究者の間では常識になっている。詳しくは、森由利亜「『太乙金華宗旨』の成立と変遷」（『東洋の思想と宗教』第一五号、一九九八年、早稲田大学東洋哲学会）や、エスポジト・モニカ「金蓋山龍門派における『黄金の華の秘密』（Conoscenza e Interpretazione della Civirta Cinese,Roma,1996）などを参照されたい。

扶乩についての詳細はともかくとして、私には省善真堂での扶乩の実見は、改めて「気」の意味を考えさせられる有益な体験であった。

香港で二〇〇一年の新年を迎えて、その午後、対岸の澳門《マカオ》に船で渡る。ここでは媽祖閣、哪吒古廟などを見学したが、ここでは路傍に「門口土地財神」「門口土地福神」あるいは「泰山石敢当」と記された祠が目についた。黄兆漢・鄭明合著『香港與澳門之道教』（加略山房、一九九三年）によると、「澳門の居民は石敢当、土地、財帛星君、魯班先師、華光大帝、華陀先師、社神、福神、太歳、侯王などを信奉し崇祀している」と説いているが、私たちの目に入ったのが、その一部であろう。

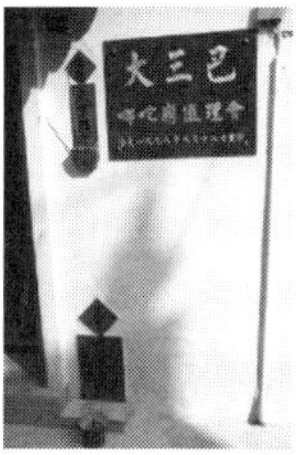

◉哪吒廟入口

◉路傍の呪物「門口土地財神」

【参考文献】

『台南市民俗辟邪物図集』（台南市政府、一九九〇年）
黄兆漢・鄭明合著『香港與澳門之道教』（加略山房、一九九三年）
陳永世編『中国方術大辞典』（中山大学出版社、一九九一年）
胡孚琛『中華道教大辞典』（中国社会科学出版社、一九九五年）
呉幼雄『泉州宗教文化』（鷺江出版社、一九九二年）
志賀市子『中国のこっくりさん――扶鸞信仰と華人社会』（大修館書店、二〇〇三年）
志賀市子『近代中国のシャーマニズムと道教』（勉誠出版、一九九九年）
合山究「明清文人とオカルト趣味」（荒井健編『中華文人の生活』平凡社、一九九四年）

3　マニラ華人街の道教・同郷会館・宗親会

マニラの華人街は、バシグ河北岸のビノンド地区を中心としている。調査の先行文献としては、丸山宏「フィリピン華人の歴史と宗教文化」（綾部恒雄編『環太平洋地域の華僑社会における伝統と文化』一九九三年）、同じく丸山宏「保生大帝信仰と廟のネットワーク――福建・フィリピン・台湾――」（『アジア遊学』二四号、二〇〇一年二月）及び『華僑華人百科全書・社区民俗巻』（中国華僑出版社、二〇〇〇年）のフィリピン関係事項があるだけであって、私たち（駒澤大学松本丁俊教授、関西大学大学院学生山田明広氏）にとっては、まったく手探りの、しかも短期間の調査に過ぎない。したがって後学にとってどれほど参考になるのか自信がないが、丸山氏の報告をいくらかは補うことだけはできた。今後、道教研究者がこの地域にも目を向けるきっかけになれば幸いである。というのは、最近出版された可児弘明・斯波義信・游仲勲編『華僑・華人事典』（弘文堂、二〇〇二年六月）という、この方

◉マニラのチャイナタウン
斜線部はチャイナタウンのおおよその範囲を示したもの。山下清海『東南アジアのチャイナタウン』より

面では日本で最初の事典に「道教と華僑・華人」の項目が出ているが、残念なことにフィリピンには言及されていないのである。以下には主に前記文献と福建関係の文献によりながらマニラ華人街で見た道教の実情を神格と呪符を中心に報告したい。

報告に入る前にフィリピン華僑・華人の大多数は、福建省南部（いわゆる閩南《びんなん》）の出身であることに注意しておきたい。この点については、施振民「菲律濱《フィリピン》華人文化的持続――宗親与同郷組織在海外的演変――」の表3「菲律濱華人同郷組織」を見れば、晋江《しんこう》およびその近辺出身者の同郷会の数の多さに驚かされる。この表で見る限り「広東会館」はあるが、福建会館はなくて福建南部の市や郷・鎮の名称をもつ同郷会であって、とりわけ晋江の名を冠する同郷組織が目につく。小熊誠氏は、「最も人口の多い晋江県の場合は、県レベルの同郷会は組織が大きくなり過ぎて意味を持たなくなるため、県レベルの同郷会は存在せ

◉マニラ宝泉庵

ず、行政的にその下位の郷・鎮レベルよりさらに下位の村レベルの同郷会が多数成立している」と指摘している（「フィリピン華僑と故郷福建」）。実際、華人街の商店を覗いて原籍を訊ねると晋江と答える人が多かった。

さてマニラ華人街の調査は二〇〇二年八月四日から八日まで行った。実はマニラ到着後すぐにでも開始したかったのだが、しかしながら、現地の旅行社に調査する道観を事前にその所在地を確認してほしいと依頼しておいたにもかかわらず、この旅行社は日本人相手のガイドしかできなくて、いくつか所在不明だという。そこで翌五日朝、先ず華人街入口にある華人商工聯合総会を訪ねて宝泉庵《ほうせんあん》などの住所を尋ねることにした。この宝泉庵正炉は丸山宏氏が一九九一年に直接訪問された所であるが、彼は詳しい住所を記述していない。さて、総会はビルの六階にあり受け付けで用件を話すと、たぶん宗教担当者と思われる人を紹介してくれた。名刺はお持ちではなかったが、後で自分も廟をもっていると言って、「菲律濱雲風祥徳代天行道処」（85 TIMES ST.,Q.C）と題した二枚のプリントを見せて末尾にある自分の名前を指差された。「秘書長　羅安順」というお名前であった。ここで旅行社には所在不明であった個所はすべて分かった。ところで、私たちの会話はフィリピンの公用語である英語ではなくて中国語であり、特に松本丁俊先生は閩

◉宝泉庵内玄天上帝像

◉同大道真人（保生大帝）

南話で話してくださった。

宝泉庵正炉は華人街に入ってすぐ近くのビルの三階にあり（Third Floor, Gandara Bl.807 Tetuan Cor-Gandara Str.）、主持人の侯孫鵬氏（董事長）は台湾へ出張中で不在だったが、留守を守っていたのは陳新新という三十歳位の女性で侯氏の学生だと称していた。私は二〇〇二年二月、福建の晋江に行って深滬《しんこ》鎮の崇真殿の蔡燦輝《さいさんき》道長に会ってここを紹介していただいたこと、また、丸山宏氏が一九九一年にここを訪問していて、侯氏にお会いしていることを告げた。もちろんこの女性は何も知らないのであるが、後でたいへん親切にもてなしてくださり、昼食までご馳走になった。ここでは玄天上帝が主神であるが、保生大帝（大道真人）も併せ祀られている。この神は福建では厦門の北西にある白礁・慈済宮を本宮としている医療神である。呉本《ごとう》という北宋の名医であり、この保生大帝は近くの青礁にも同名の宮廟があり、この地方では信仰が厚いらしく他にも祀られていたことは、二〇〇〇年十二月二十五日の厦門調査で承知している。また、晋江の深滬に同名の宝泉庵があり、ここも保生大帝を祀っていて二〇〇二年二月十三日、崇真殿の人に案内していただいた。台湾でも台北の保生宮、台南・学甲の慈済宮など、台湾各地で祀られているので、周知のことであろう。このマニラの宝泉庵正炉では、

◉石獅城隍廟

◉同城隍神像

この保生大帝の他に関聖夫子（関羽）も併せ祀られているが、不思議なことに黄大仙も祀られている。この神は香港で有名な黄大仙廟にだけ祀られているものと思っていた。その他に虎爺将軍、五路財神、仙妃娘娘、秦王爺、雲夢仙師も陪祀されている。ここでいただいた紙呪符は四種。黄色の紙の二枚のうち、ひとつは中央に大道真人・玄天上帝・関聖夫子の三つの神名を記した合境平安符、他は中央に大道真人と記した希求平安符、やや薄い黄色の二枚は玄天上帝と記した平安符と関聖帝君と記した長寿符である。

午後は**石獅城隍廟**（Soler St.Sta.Cruz. の二階建てビル二階にある）に行ったが、ここでも主持人・王良濾《おうりょうりょ》氏は不在で会えなかった。ここの董事長は荘全棕《そうぜんしゅ》という。しかし不在であった。中老の夫婦が留守番していたが、香火一〇〇〇ペソを寄進すると俄かに快く応対してくれた。ここの主神はいうまでもなく城隍神であり、石獅は今では市に格上げされて晋江市に隣接している。そこにある城隍神を石獅出身者が分香したのであろうか。祖廟は石獅市寛仁郷にあるという。ここでは城隍神は忠佑侯に封ぜられていたのであろうか、「勅封忠佑侯」の扁額が掛けられている。対聯には「辛卯七月　是非不出聡明鑒、賞罰全由正直施　信女恵卿敬奉」とあった。城隍神の他に城隍夫人、開山殿七代総巡および玉皇大帝が祀られてい

◉同班頭公像

◉天后宮

るが、その周囲に二十四体の班頭公《はんとうこう》と呼ばれる神体が配されている。留守番の説明によれば班頭公は玉皇大帝の臣下だそうだが、玉皇大帝に臣下がいるとは、初耳であり、帰国後、調べてみたが、班頭公というのは見当たらなかった。閩南地方で祀られている地方的な神かも知れない。城隍廟の祭りは城隍公の誕生日、旧暦五月二十八日（二〇〇二年は新暦七月八日）に行われ、二〇〇二年は厦門から金秀英劇団を招いて向かいの街路で三日間上演されたという。その内容は長寿を目的とするものであったと言う。ここでも三種類の呪符をいただいた。ひとつは「勅封忠佑侯」と大書された黄紙の鎮宅符、もうひとつは赤紙の平安符、もうひとつは六体の人物が描かれた黄紙で意味を聞きそびれた。「忠佑侯」の封号について、乾隆三十年刊『晋江県志』を調べたが、府城隍廟、県城隍廟の記載はあるものの、封号については書かれていない。

ここで媽祖を祀った天后廟はマニラにないかと尋ねたところ、その夫婦は独立した大きな天后廟はマニラにはないが、しかし小さな廟ならあり、すぐ近くにある、と言うので案内していただいた。

天后宮（Solex 1 Bldg Rm.705,1166 Soler St.,）はビルの七階にあり、黄美珠という中年の女性が主持人であった。私たちの中国語の質問に流暢な中国語で答えてくれた。

◉青陽石鼓廟

◉順正大王公像

資金がないから大きな廟をもてないという返事だった。ここでも、一〇〇〇ペソを寄付したせいか、たくさんの呪符をいただいた。五種類あり、すべて十二×九センチの黄色の紙で木版刷のものである。ひとつは「奉天宮天上聖母」と記された鎮宅平安符、次に四角の太い枠の中に「白鶴清姑仔《はっかくせいこし》・哪吒《なた》三太子・勅封忠佑侯・南天門将軍・殿前阿童仔」の四つの神名が書かれている。二番目と三番目（既出の城隍神）の神名は分かるがその他は分からない。次に中央に「観世音菩薩」と書かれている両側に道教的な鬼をデザイン化した図案、最上部に道教呪符の三清の印レを三つ横に並べ、その下には梵語の「唵」（オム）が書かれているが、鎮宅符である。媽祖はしばしば観世音菩薩と同等に見なされる。さらに、最底部に萬霊符と記され最上部に三清の印レを三つ並べ、中央に「勅令順正大王公」、その両側には鬼を図案化したデザインが描かれている呪符、これは何にでも効力があるというのであろうが、順正大王公というのは、次に調査した青陽石鼓廟の条で詳しく述べるが、順正王に勅封された宋の王志のことであるから、この黄美珠さんは晋江・青陽出身なのであろう。もうひとつは六人の人物と家、山などが描かれた図案で何を意味しているのか分からない。

　つぎに訪ねたのは、**青陽石鼓廟**（Araneta St.,Sta.Cruz 1227~1231）であり、九階ビル

◉石鼓廟順正大王公像

◉九宵大道観の太上老君、元始天尊など

の九階、つまり屋上に廟がある。主神は「勅封順正府大王公」である。この神は、もともと晋江市青陽鎮の石鼓山の麓にあり、二〇〇〇年二月、深滬・崇眞殿からいただいた『晋江道教風采』という写真入りの冊子にも、石鼓廟の建物と主神・順正大王の姿が写真で載せられている。鄭国棟等編『泉州道教』の石鼓廟の記述によると、南宋の広東・潮陽の人である王志（一一八六～一二二〇）は晋江で蔡宝漠の舘客となって簿籍を掌っていたが、彼は種々の道術を備えていた。彼が青陽山で亡くなって後に村人は彼の像を造って祀った。南宋・嘉定年間に勅命により「殿前太尉」に封ぜられた。後に明の永楽年間（一四〇三～一四二四）に村人の中に鄭和の航海に従った者がいて、祀られた「殿前太尉」の香火を船中に奉じて、無事に帰国すると鄭和はこの神の霊助を得たことを皇帝に上奏したので、王志は「順正王」に封ぜられたという。

しかし、『晋江道教風采』の記述は全く違う。石鼓山の後ろには、もと石鼓廟があって宋代に青陽・蔡氏の先祖と凌雲・王氏の先祖のために建てられたものであった。廟には先に福佑眞君が祀られていた。後に蔡氏十世・蔡次博の門客であった本官公・黄志という道術を備えた人物が祀られたが、しばしば霊験を顕わしたので勅封によって、そのつど、「江夏護国清遠上将軍武恵王」「慈済顕威明

◉同前　観音など

◉同前　瑤池金母など

王」「順正大王」の号を賜った。その後、明代の天啓年間と清代の咸豊年間とに廟の修繕がなされたと言う。この記述は晋江市道教協会に加盟している石鼓廟自身によって書かれていると思われるから、信憑性が高いと言えようが、前者との違いが大きすぎる。現在の廟は一九八二年から一九九二年にかけて青陽・蔡氏一族が資金を出して再建したものだという。

一方、マニラの青陽石鼓廟は晋江の人である陳景弘が鄭和の南洋航海に従った時にフィリピンに、その香火を伝えたのが始まりで、その後に華僑によって廟が建てられ神像が祀られた。一九七八年、フィリピン華人の錦繍《きんしゅう》荘氏宗親会が新しい廟を建てたが、一九八八年に現在のビル完成とともに九階に移された。正殿には三つの神龕《しんがん》があり、順正府大王公、観音大士、四大将軍が祀られている。董事会は青陽荘氏の出身者から成る。毎年旧暦の九月五日に順正府大王公の誕生祝典が行われる。信者の大半は青陽籍の華人である。

この廟に行ったことは行ったが、案内をしてくれたのはフィリピン人女性であり、この廟については何も知らず、中国語も話せないので、以上の文献により得た知識以外には実情は分からない。なお、私は二〇〇〇年二月、晋江市青華大井口にある青陽荘氏家廟に行き、管理人の荘傑士氏に会って、マニラの旅菲錦繍荘

◉玉皇大天尊

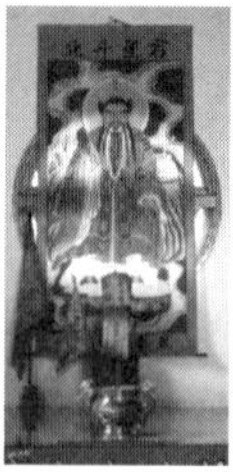

◉同前　瑤池金母など

◉玉皇三太子（哪吒太子）

氏宗親総会を紹介していただいたのだが、マニラの日本人旅行社が所在（471-483 sto.Cristosreet）を確認した時に予約を入れたら断られたという。旅行社が余計なことをしたように思う。というのは、翌日、施性答氏には予約なしで会えたのである。フィリピン流に事前に予約を取ろうとすると中国人は警戒するのであろう。

この日の最後の訪問は、華人街にある**九霄大道観**（Lope de Vega cor.Kusang Loop Sta. Cruz）である。ここは丸山氏がかつて訪問されて詳しい報告を書いている。ここでも主持人は不在で、閩南話の話せる雪さんという老婆が応対してくれた。一九六六年の創建という。ここは三層から成る廟で、主神は玉皇三太子（つまり哪吒太子）であるが、他に道教、仏教の諸神や地方的民間神格が祀られている。そのすべてを挙げれば、太上老君、元始天尊、通天教主、雲夢山《うんぼうざん》鬼谷子《きこくし》王禅老祖（これは鬼谷子のことであろうか）、洪鈞老祖、薬師仏、阿弥陀仏、清水祖師、観音大士、三坪祖師である。洪鈞老師と通天教主についてはどういう神格か分からない。三坪祖師は、三平祖師であろう。林国平・彭文宇『福建民間信仰』二六五頁「三平祖師」の項によると、広済大師とも称し俗名は楊義中、唐代の高僧で、唐の宝暦の初め（八二五年）、福建・漳州に来て開元寺の後ろの三平眞院の住持となり、会昌五年の武宗による仏教弾圧の際には逃れて平和県三平山に三平寺を建てて弘法

◉大道玄壇

◉同前　三清祖師

したが、宣宗の即位後、ふたたび漳州開元寺の住持となり咸通十三年（八七二）に亡くなった。その後、仏教の俗神に変化して漳州付近の民間で信仰されるようになり、明清時代にはその信仰は台湾にまで伝わり、台南にはその支院である三平広済宮があるという。その塑像の左右には青面で牙をむき出した四体の「蛇侍者」が立っている。これは普段は頭部が八卦形をした小さな黒蛇の姿をしていて、家に現れると吉の前兆だと見なされているという。ここで頂いた一枚の解説文によれば、道教だけが人々を正しい道に導き心を清らかにし永世の目的を達成できるという。ここの道士には霊法師・楊重鈴、上師・蔡懐通、玄法師・許寶強がおり、扶乩《ふけい》も行われているようである。呪符は黄色木版刷で大小二枚をいただいた。大きい方は、上に横書きで「南壇九霄」と書かれ中央に「玉皇三太子令」と書かれている。小さい方は、上に横書きで「九霄大道観」「玉皇」と二行、中央に縦に「三太子令」と書かれている。ここにはフィリピン華人道教促進会 Filipino Sino Taoism Movement Inc. が置かれていて、毎年一回フィリピン全土から道教信者が集まるという。

　翌六日は先ずカーロカン市に行って、泰玄都総壇を探したが見当たらない。そこで、**大道玄壇**に行く。場所は241M.H.DEL. PILAR ST.CORNER 6TH.AVENUE

◉同前

◉同前　玉皇大帝

CALOOCAN CITY である。菲律濱大道玄壇 THAI TO TEMPLE INC. が正式の呼称である。ここもまた、丸山氏が一九九一年に訪問している。主持人は副董事長である蔡紹鏢《さいしょうひょう》氏であるが、この日は不在で応対されたのは、林さんという中年の女性であった。この道観の建物は八卦の形をして三層から成る。一階には三体の大きな三清祖師の坐像が置かれ、二階には雲夢山仙祖、雲風祖師、黄石祖師、玉皇三太子の坐像が置かれ、三階には玉皇大帝の坐像と扶乩が置かれていた。三清祖師というのは、玉清元始大天尊、上清霊宝大天尊、太清道徳大天尊を総称しているのであろう。董事長は施性答氏であり、この人には会う予定であったので、その住所を教えていただく。ここでいただいた呪符は三種で、それぞれに玉皇三太子と雲夢山仙祖、雲風祖師の神名が書かれている。雲夢山仙祖の方は下に縦で「鬼谷仙師」とも書かれている。

　施性答氏のお住まいを訪ねたが、ちょうど昼休み時間だったので不在であり、明日朝、再び来訪する約束をして、二時に訪問の予約をしていた菲律濱華裔青年聯合会 Kaisa Para Sa Kaunlaran,Inc. の洪玉華女史を訪ねる。ここは博物館にもなっている。洪女史に華人街の道観についての文献を聞いたがご存知ない。調べてくれたが、見当たらない。次には、マニラになぜ大きな媽祖廟がないのか、そ

◉泰玄都総壇内景

◉同前

の理由を聞いたが、自分は宗教方面には詳しくないとのことで、唐文燦氏という若い男性を呼んでくれた。彼は仏教信者だと紹介されたが、道教については知識をもたれなかった。そういうわけで、ここでは何らの得るところがなかった。

まだ明るかったので、もうひとつ、**泰玄都総壇**を訪問する。場所は1818 Dr.A.Vazquez Street cor.Nakpil Street Malate にある。丸山氏は一九八六年に住持人と台北で会っているが道壇には訪問されていない。行って道壇内部を見ると、日本語の『マニラ新聞』に紹介されている写真と同じであった。つまり、「国際道教寺院」という名で紹介され、道教の神々の写真が出ていたのである。はじめ中年女性が応対されたので、住持は不在と思ったが、一〇〇〇ペソの寄進を出すと、今二階にいるので、降りてくるという。先ず、建物の外にある住宅の木板に幾つもの呪符を刻まれている。鏡を埋めた八卦牌も掛けられている。額《がく》に入れた紙呪符もある。こういうのは初見である。たぶん、この道壇の信者であろう。内部の壁にも紙呪符がいたるところ貼ってある。「水徳星君在此鎮」やら、赤紙に種々の呪文の書かれた呪符が並んで貼ってある。建物の内部は広く、両側と正面に所狭しと様々な神が祀られているが、主神は三清教祖であり、玉皇大帝、玉皇三太子、四大天王、泰省許真君、玄省葛仙翁、都省張道陵、三官大帝、瑤池金母、王

◉施氏臨濮堂宗祠内景

◉同前

母娘娘、天上聖母、保生大帝、玄天上帝、雲夢山仙祖師、雲風山仙祖師、帛児仙童、北斗星君などの道教諸神と観音菩薩を配祀している。ここの雲風山仙祖師というのは先の雲風祖師と同じと思われるが、より具体的にどういう神格なのか不明。次の黄石祖師もまたよく分からない。主持人が降りてこられたので、挨拶すると、渡された名刺には、「総主持　玄門嫡傳　黄清傑　道号　大杰《だいけつ》」と印刷され、肩書きには「世界宗教徒聯誼会代表　菲律濱泰玄都道教総会　菲律濱道教泰玄都総壇」、英文でUniversal Taoist Council of the Philippines FERMIN EUCARIZA Taoist Minister TAOISM OF THE PHILIPPINES とある。別室に案内されて自己紹介したり質問したり、また占ってくれたりであるが、どこか宗教者というより商売人臭さを感じる。私と同じ一九三四年生まれの六八歳。台湾で六十三代張天師のもとで修行し、五十三種の方術を会得し、一九六三年よりここに道観を構え、弟子は六、七百人いるという。前記『マニラ新聞』によると、「複数の大統領経験者や国会議員、国家警察や軍の高官から著名な企業家までが助言を求めてやって来る」とある。ここでいただいた呪符は色々あり、印刷されたもの二種と、インタビューの最中に特に私のためにと書いてくださった呪符であり、すべて黄色の紙が用いられている。その他にメダル製の呪符をもいただいた。いかにもカソ

◉同前

◉同前

リックの国らしい。

翌七日は、朝九時半に、施性答氏を526-536Camba Street BINONDOの会社事務所に訪ねる。施性答氏は七十七歳の高齢であるが、フィリピン華人施氏一族の有力者であり、関西大学の石田浩教授の紹介を得ている。私たちの質問に気さくに応じてくださったのであるが、実は現に、Pacific Metals Manufacturing Corpという金属加工会社の董事長を勤めておられ、ご子息も会社を経営されているという。いただいた資料『世界施氏商業名録』（一九九九年刊）という一九〇頁に及ぶ世界施氏宗親総会の連絡簿によると、施性答氏は世界臨濮《りんぼく》施氏宗親総会を創設されて、今第七期（一九九七〜九九）では、その総会理事長の任にある。世界臨濮堂宗親総会に属する企業は、この名録に記載されているだけでも八百三十三に上り、その種類は金融業、建築業、金属加工を始めとしてあらゆる分野に及んでいる。これらの企業が地域別すなわち、香港、台北、台南、高雄、シンガポール、フィリピンなどに分類されて記載されていて、前言に「優勢をもって互いに補い、互いに効応を恵み、共に発展を図り、共に財富を創ることを充分に発揮する」とあるような目的を達成しようとしているのである。同族コンツェルンを築くことが目的なのである。

ところで、この施氏は晋江の龍湖鎮を原籍としている。施氏は銭江《せんこう》派と潯江《じんこう》派とに分派しており、龍湖鎮衙口《がこう》の銭江派施氏大宗祠（施琅《しろう》紀念館）と銭江施氏家廟には、二〇〇〇年二月十四日に訪問して、特に大宗祠では応対された管理人から色々と示教を得ていた。

施性答氏は、前日訪問した大道玄壇の董事長でもあるので、道教との関わりについて質問すると、若い時は仏教を信じていたが今では道教も仏教も信仰しているとのことであった。ご子息は会社を経営している。故郷には年に一度は帰る。故郷には学校を建設している、などの返事であった。宗祠のことを尋ねると、ここにも宗祠があるとの返事に驚いた。そこでご案内していただく。近くの四階のビルの四階に二十畳以上の広さの大きな部屋がすべて**臨濮堂宗祠**であり、正面にはフィリピンに移住してからの祖先の位牌が祀られている。その反対側には宗祠の守護神として左から北極玄天上帝、天尊玉皇大帝、南無大梵尊天帝の三つの神格が祀られている。ここで毎年九月九日の宗親会が開催される時に宗祠の祭りが行われるという。そして、三階の会議室で宗親会が行われる。道士は宗祠建築の時に招かれてお経を読んだ。墓は華僑義山にある。ここマニラでは李氏一族の宗祠が最も大きい。このような説明を受けたが、マニラで宗祠が見られるとは思い

◉華僑義山入口

◉施氏臨濮室の墓の入口

もよらなかった。

その後、**華僑義山**と称される華人墓地を見学、墓の大きさには驚く。こういう大きな墓は台湾や福建はもちろんのこと、マレーシアの華人墓地でも見られない。写真は、先ず墓地入口であり、ここには門衛が立っている。次は大きな墓を二つ。初めて見る読者には家屋のように思えるだろう。日本の大都会で販売されている一戸建てくらいの大きさに匹敵する。

亀甲墓の形式ではなくて、多くはいわゆる破風墓であり、入口の広い空間がある。ここで清明節などには、一族が集って食事するのであろう。沖縄にも崖を掘り抜いた巨大な亀甲墓を見たことがある。しかし、マニラのはコンクリートで建てられている。大きな宗族では、例えば施氏臨濮堂は正面の建物に「臨濮傳芳」と刻したコンクリート製の扁額が懸けられている。キリスト教徒なら洋風建築で屋根の上に十字架が置かれている。

どうしてマニラ華人の墓がこれほどに巨大なのか。「華人が死後も生前と同じような家屋にそのまま住みたいという欲望の基盤の上に造り出されたもの」（丸山宏）であろうか。辞典類の概説的説明としては、二つの事項解説が見つかった。先ず、鈴木静夫・早瀬晋三編『フィリピンの事典』（同朋舎出版、一九九二年）の

◉同前

◉墓地を守る「后土」

佐々木宏幹氏による「中国人墓地」の項の記述が役立つ。

　各地にあるが最も有名なのはマニラ市の北東部アバド・サントス駅近くの丘陵に展開する華僑義山Chinese Cemeteryである。面積52万6700㎡。この広大な墓地は、スペイン殖民統治期に造成された「舊仙山」と一八七八年に甲必丹（カピタン）楊尊親により入手された「新義山」とを含む。墓地内は、コンクリート製2階建ての住宅のような豪華な墓や普通の寝棺式のコンクリート墓、個々の遺骨を納める壁槨式の墓など、様々なタイプの墓が梁《りよう》洵《しゅん》路、鋭釗《えいしょう》路、肇基路、林合路、瑞爵路など幅広い通路に面して林立し、さながら「死者（霊）の街」の観を呈している。住宅式の墓は富裕者の、寝棺式や壁槨式（ロッカー式）の墓は一般人や貧困者のものであるとされる。墓地内には火葬場や葬儀場も完備している。墓地は中国人の民族的アイデンティティ確立の象徴の一つになっており、またマニラの名所の一つとしてよく知られている。

その後に出された『華僑・華人事典』（弘文堂、二〇〇二年）には、「マニラ華僑

◉典型的な家屋形の墓（屋根の上に装飾がある）

◉キリスト教徒華人の墓

義山」（小熊誠）として、発祥沿革をも記述されている。

マニラ市の北にある華僑墓地。沾水地《てんすいち》、マニラ義山などの別称がある。スペイン統治時代、非カトリック教徒である華僑は、カトリック教会の墓地に埋葬を許されなかった。そこで、一八七〇年、華僑組織の長であるカピタン林旺が、華僑墓地のための土地を寄付し、さらに、七八年にカピタンのマリアノ・フェルナンド・ユー・チンコが現在の華僑義山の基礎を築き、その後、徐々に拡大して今日に至った。その管理は、フィリピン華僑善挙公所が行っている。面積は５２km^2以上あり、中は自動車通行可能な道路が何本も走っている。富裕な華僑・華人の墓は、二階・三階建てで、墓参りのために冷房、冷蔵庫、ＴＶなどの設備を有した別荘のようなものもある（以下省略）。

この二つの記述でマニラ義山の全貌はおおよそ理解していただけたであろうか。日本のガイドブックには、チャイナタウンは出てくるが、義山までは紹介されていない。

もうひとつ、永野善子「フィリピンの墓との出会い」という簡単な報告がある。

直接にはマニラ華人の墓についての説明はないが、華人墓地の起源を暗示するような記述がある。ネグロス島の地主層の墓を説明して、「正方形の形をした敷地に、屋根、柱、そして正面奥の壁を灰色のコンクリートで作り、左右と正面入り口に鉄製の黒い格子をはりめぐらしてある。正面入り口に設けた開き扉の鍵を開けてなかに入ると、正面に横二列、縦三列、計六箇所ほどの埋葬場所が設けられている。云々」の記述があり、この説明を読むと大きくはないが、現地人のも家屋型の墓のように推測される。さらに、このような墓をマニラ華人の墓と比較して、「マニラの中国人墓地ほどの荘厳さときらびやかさこそもたないが、相当の資力がないと建立することはもちろん、維持・管理することすら困難であろう」とも説明しているから、この文の筆者はマニラ華人の大きな墓を知っていて、これを前提としてフィリピン人の墓の形式や大きさを論じているのであり、そうだとしたら、マニラ華人の墓はフィリピン人の墓の形式を受継いで更に巨大にしたものと言えようか（小島麗逸編著『アジア墳墓考』所収、勁草書房、一九九四年）。

ここには崇福堂という墓域を守護する神を祀る堂があり、中に地蔵王菩薩、開明尊者、仙人呂祖の三体が置かれている。さらに地蔵の背後にイエス像と左右の聖女が配されていると言うが、気づかなかった。

なおここで、フィリピン華人の先祖祭祀について一言ふれておきたい。華人は一般的に春の清明節に先祖祭祀をおこなうが、ここでは一部華人を除いて、カソリック信者である現地フィリピン人と同様に万聖節（諸聖人の日、十一月一日）に祭祀していた。ところが第二次世界大戦後、華人の経済発展にともなって、万聖節の墓参りが派手になり、銅鑼《どら》太鼓を鳴らし、夜通し酒宴やマージャンをしたりして、現地人の反感を買うようになった。そこで、一九七一年、義山を管理する華僑善挙公所は清明節墓参に改めるよう提案したが、僅か二年しか続かず、今も多くの華人は万聖節に墓参しているという。

ついで華人街を歩く。危険だと注意を受けていたので、あまり写真は撮れない。しかし、ビノンドのOngpin通りの仏具屋で哪吒太子像などを買ったが、ついでに店の奥を見ると神棚がある。そこには左から土地公、観音、関公の像が祀られている。こういうのが華人街では一般的なようであるが、すぐ近くの雑貨屋をのぞくと、ここにはサントニーニョ（幼いときのキリスト）像二体と土地公が祀られている。サントニーニョ像は片方は赤色の服を着ており、これは幸運や平安をもたらし、もう一方のは緑色の服を着ていて、これは商売の繁栄をもたらすと、ここの主人は説明してくれた。

◉右の土地公と並ぶ二体のサントニーニョ像

以上で五日から七日までのマニラ華人街の道教の調査を終えたのであるが、見残した個所も少なくない。例えば、仏教寺院はひとつも見ることができなかったし、同郷会館を見る機会もつくれなかった。調査日数が短過ぎた。

全体的な感想としては、①マニラ華人街では、玉皇大帝と三太子の信仰が厚いということ、それは丸山氏が指摘しているようにフィリピン人のサントニーニョ信仰と融合しているのかも知れない。しかし、玉皇大帝や三太子の信仰は、厦門市内の民家で土地公、祖師公（清水祖師）、三太子の三つの神像が祀られているところから考えると、必ずしもサントニーニョ信仰の影響だけとは言い難いように思われる。②マニラには媽祖を祀った独立した天后宮が見当たらなくて、媽祖は従祀されている。『晋江道教風采』によると、晋江・金井東宮古地に宋代以来の由来をもつ大きな天后宮がある。だから晋江の人々に媽祖信仰が薄いとは言えないのである。③正一派であるに拘わらず扶《ふ》乩《けい》をやっている。これは香港でもマレーシア華人街でも呂祖を主神とする全真教系の道観で行われているのであるが、ここマニラでは実見したわけではないが、天師道系の道士が扶乩をやっているらしいのである。

【参考文献】

山下清海「フィリピンのチャイナタウン」（山下清海『東南アジアのチャイナタウン』（古今書院、一九八七年）

鄭国棟・林勝利・陳垂成著『泉州道教』（鷺江出版社、一九九三年）

徐暁望『福建民間信仰源流』（福建教育出版社、一九九三年）

林国平・彭文宇著『福建民間信仰』（福建人民出版社、一九九三年）

寺田勇文「フィリピンのカトリック」（『文化人類学　３　特集　宗教的シンクレティズム』一九八六年）

寺田勇文「宗教と世界観」（綾部恒雄・石井米雄編『もっと知りたいフィリピン（第二版年）』弘文堂、一九九九年）

施振民「菲律濱華人文化的持続――宗親与同郷組織在海外的演変――」（『中央研究院民俗学研究所集刊』第二四期、一九七六年）

小熊誠「フィリピン華僑と故郷福建――宗親会と同郷会を中心として――（可児弘明編『シンポジウム華南　華僑・華人の故郷』慶応大学地域研究センター、一九九二、『僑郷華南華僑華人研究の現在』と改題し、一九九六年、行路社より重版）

中田睦子「福建省晋江県における施氏の分節形成と地域移動」（同前）

石田浩『中国同族村落の社会経済構造研究――福建伝統農村と同族ネットワーク――』（関西大学出版部、一九九六年）

鈴木静夫・早瀬晋三編『フィリピンの事典』（同朋社出版、一九九二年）

可児弘明ほか編『華僑・華人事典』（弘文堂、二〇〇二年）
小島麗逸編『アジア墳墓考』（勁草書房、一九九四年）

【附】華郷としての晋江、厦門の道教と墓地

二〇〇二年二月十二日から十五日の三泊四日、泉州の隣、晋江市と厦門に一人で行った。目的は、同年八月に予定しているマニラ華人街調査のためにマニラ華人の故郷の事情を知ること、うまくいったら道観や大宗族のコネをつけておきたい、と考えたからである。晋江とマニラ華人との関係については、すでに丸山宏氏や小熊誠氏が詳しく解説してくれている。晋江の道観については、二〇〇〇年、泉州を調査した時に福建省道教協会会長・林舟氏から協会の機関誌『福建道教』をいただいていて、そこに第一回代表大会の参加者名簿があり、晋江からは蔡《さい》燦《さん》輝《き》氏の名と住所、電話番号を見つけ、これを頼りにして会うこと、また、大宗族については、石田浩氏が晋江の施氏一族を調査されているので、施氏に会うこと、こういう目的で晋江を訪問したのであるが、結果としては大成功であった。この成功の陰にはガイド・王揚偉氏の懸命な努力があった。というのは、名簿の電話

◉崇真殿

番号が変更されていたので新しい番号を探したり、また住んでいる場所が名簿に載っていないので、それを見つけるのに王氏は苦労したようである。日本語はあまり上手ではないが仕事熱心で責任感が強いガイドであった。

ところで、十三日朝、厦門の暇日《ホリデイイン》大飯店をマイクロバスで出発、高速道路を約一時間、晋江市中心部に着いたが、そこから更に南下すること一時間半、海岸べりの深滬《しんこ》鎮《ちん》に到着。しかし、蔡燦輝道長の住んでいる宮廟が分からない。電話で呼び出しても出てこないからである。宮廟らしき建物を見つけたがそこは仏教寺院であった。街路を走っていると黒い作務衣を着た三人づれを見かけて蔡燦輝さんを知らないかと尋ねると、自分たちの道長だ、すぐ近くなので案内すると答えた。偶然とは言えラッキーなことであった。案内されたのは小高い丘の上のある**崇真殿**という立派な宮廟であった。

この崇真殿では道長・蔡燦輝氏はじめ若い道士や董事の方々から厚い歓待を受けた。この廟は玄天上帝（真武大帝）を主神としている。ここでいただいた冊子『晋江道教風采』によれば、北宋真宗の大中祥符五年（一〇一二）の創建とされている。現在の建物は「文革」後の一九九八年に再建されたようである。フィリピン華人との関係を質問すると、密接な連絡をもっているようで、マニラの宝泉庵

◉崇真殿の石像玄天上帝

正炉董事会董事長・侯孫鵬氏を紹介された。この廟は丸山氏の論文にも出てくる。マニラだけでなく、台湾の宮廟とも連絡をもっているようである。道士たちはここで道長の下で修行するほかに、龍虎山に本拠を置く正一派道教との関係を密にしているので、龍虎山に行って修行を重ねているようである。また一九九五年、近くで王醮《おうしょう》（疫病神・王爺《おうや》を払う祭り）を行ったともいう。

この崇真殿で驚いたのは、宋代の制作と伝えられる玄天上帝の石像が安置されていたことである。正殿には真武の塑像が主神として祀られているが、その後殿に玄天上帝（真武大帝）の石像がある。案内されて私も何枚か写真を撮ったが、頂いた冊子によると高さ二・二六メートルの坐像であり、披髪ではなくて髷《まげ》を結った頭であり、下部の亀蛇らしい姿がない。これは今日の真武神の像とは大いに異なっている。帰国後、国立文化財研究所の津田徹英氏から教えていただいた『文物』一九九一年第八期で紹介された「寧夏賀蘭県宏仏塔清理簡報」所載の宏仏塔発見「玄武大帝」と推定されている西夏時代の絹布に画れた図像と比べたが、これにも披髪はないし、下部には明瞭ではないが亀蛇が画かれていない。してみると宋代ではまだ現在の真武神のような姿は成立していなかったのかも知れない。

崇真殿を辞去した後、道長のご好意で、近隣の宮廟をいくつか案内していただ

●宝泉庵

いた。近くの宝泉庵（保生大帝）、天后宮（媽祖）、鎮海宮（王爺）、侯山拱秀廟（北極玄天上帝）の四つを拝観させていただいた。

この**宝泉庵**は翌年マニラで見学する宝泉庵正炉の祖廟である。深滬鎮の海岸辺にあり、唐宋のころの創建とされる。明末の倭寇《わこう》進入により焼失したが、その後再び重修、清の咸豊十年、台南・学甲の慈済宮の保生大帝の神像を迎えて庵宮に供奉したという。しかし、その後も戦火によって焚毀《ふんき》したので、修復が待たれていたが、たまたまフィリピンの郷人が帰郷していて、それに賛同して資金集めに奔走し、一九八二年秋着工し、翌年冬、竣工した。大殿には左の神龕《しんがん》には保生大帝、右の神龕には秦王爺を奉祀する。

青陽石鼓山の背後には石鼓廟があり、宋代に創設されて福佑真君を奉祀していて、しばしば霊験を著したので、「慈済顕威烈明王」「順正大王」などの封号を下賜されたという。ここもマニラの青陽石鼓廟の祖廟なので参観すべきであったが、遠いことと山上にあるのとで断念した。

翌十四日は宗廟を三つ見た。一つは、晋江市内青華大井口（人民政府近く）の荘氏家廟で五百年ほど前の建築と言われる立派な家廟であり、管理人の荘傑士氏から宗譜も見せていただいたし、マニラの旅菲錦繍《きんしゅう》荘氏宗親総会（471-483 Sto.Cristo

◉施氏宗譜

street,Manila）をも紹介していただいた。次いで、龍湖鎮まで車で行って、以前石田浩氏が調査された衙口《がこう》の施氏家廟、銭江の施氏家廟を見た。ふたつの大宗族もフィリピン華人との密接なつながりを続けているようである。衙口には、施琅《しろう》紀念館があり、鄭成功を討伐して功績を挙げた水師提督施琅を顕彰している。ここに『施氏宗譜』が陳列されていたが、ごく最近印刷されたもののようであった。施琅の顕彰は台湾支配を願う中国政府の意向を示しているのである。なお、ここでは定光庵という仏寺が呪符を発行していた。それは鎮宅符であり、観音像が画かれ右に真言の呪言の文字が書かれている。

　十五日は、もう用件はほとんど終わったので、厦門の古い街路と公墓を案内していただく。市場の近くの古い街路を歩くと、小さな家だが、どの家も中に入ったところに神像を祀った祭壇が置かれている。ガイドさんの説明では、福建人の習慣として、右から土地公、中央は祖師公（清水祖師）、左は三太子（哪吒《なた》太子）の三つの神像を祀り、毎朝晩拝むのだそうである。養真堂という呂祖を祀った寺院を見学した。ここは道教ではない。解説してくれたのも僧侶である。

　公墓の案内はガイドの王さんから、正月早々、身が穢れるからできないと断られたが、車内にいてくれたら私ひとりで見学するということで折り合いがつき、広大な公墓を見学することができた。やはり、亀甲墓の形式であるが、庶民のものらしく小さい。

【参考文献】

丸山宏「フィリピン華人の歴史と宗教文化」（綾部恒雄他編『環太平洋地域の華僑社会における伝統と文化』一九九三年、筑波大学）

丸山宏「保生大帝と廟のネットワーク――福建・フィリピン・台湾」（『アジア遊学』二四号、二〇〇一年二月）

小熊誠「フィリピン華僑と故郷福建――宗親会と同郷会を中心として――」（可児弘明編『シンポジウム華南　華僑・華人の故郷』慶応大学地域研究センター、一九九二年）

石田浩『中国同族村落の社会経済構造研究――福建伝統農村と同族ネットワーク――』（関西大学出版部、一九九六年）

林国平・彭文宇『福建民間信仰』（福建人民出版社、一九九三年）

福建省晋江市道教協会編『晋江道教風采――晋江市道教協会成立一周年紀年特刊』（二〇〇〇年六月）

施玉森編『水師提督施琅将軍史蹟』（雛忠会出版部、一九九三年）

寧夏回族自治区文物管理委員会辦公室賀蘭県文化局編「寧夏賀蘭県宏仏塔清理簡報」（『文物』一九九一年第八期）

【附】マニラ華人社会の結合力――同郷会館・宗親会――

本節は現地の『マニラ新聞』二〇〇三年三月十日、十七日に「フィリピンの華人事情」と題して寄稿したものであり、マニラ華人の宗族的結合に重点を置いている。前節と重複する記述がある。道教信仰の方面は前節を読んでいただきたい。

二〇〇二年八月四日から八日まで、ここマニラの華人街を歩いた。二年前から始めている東南アジア華人街調査の続きである。日本ではよく「華僑経済」とか、「華僑ネットワーク」の脅威とかが新聞に登場する。しかし、華僑という一般名詞では、東南アジア華僑の実態は十分に理解できない。それほど華僑についての知識が日本人には欠けているのである。同じ顔をしているから行動パターンも同じだろうと思ってしまうらしい。中国人理解の根幹にかかわる問題なのである。彼らは「血縁」「地縁」のネットワークで生活しているのである。血縁とは、父系血縁システムの同姓の宗族のことであり、そのシンボルは宗祠という先祖の位牌を祀る場所である。そこでは年二回、一族が集まり団結を確認する。地縁とは郷里を同じくするもののことであり、そのシンボルは同郷会館である。

マニラ華人は同郷組織の強いことで知られていて、彼ら大多数の出身地である福建・晋江の郷や鎮、村の名を冠する小さな会館がいくつも存在している。では、なぜ同郷や同姓の強い組織ができるのか。一言でいえば、現地の住民や政府の圧迫に対抗するためであり、その自衛と相互扶助の組織である。スペイン統治時代の度重なる中国人弾圧、殊に五度にもわたる中国人大虐殺はその象徴的な例であるが、スペインだけでなくアメリカの統治時期にも中国人排斥法などの厳しい弾圧は続いている。一方、祖国は彼ら移住民に何らの保護や救済の手をさしのべなかったから、彼らは自力でみずからを守るしかなかったのである。そうした自衛組織が同郷会館であり、宗親会《そうしん》なのである。

今回私たちの調査は特に宗族組織に重点をおいたので、晋江・龍湖鎮出身の施氏一族の大物、施性荅《しせいとう》氏を訪問した。金属加工の会社の事務所だが、日常はごく質素な生活のようだ。しかし、彼は「世界臨濮《りんぼく》施氏宗親総会」を創設し、その名誉会長という実力者である。施氏の同族は故郷・晋江とマニラを始め台湾各地、香港、澳門《マカオ》、シンガポール、マラッカ、バンコクなど各地に宗親会を組織している。比較的近い先祖に清朝初期、台湾討伐で知られる水師提督・施琅《しろう》将軍をもっている。この年二月、龍湖鎮《りゅうこちん》を訪問した時、大きな宗祠が施琅紀念館となっていて五冊にもなる古い宗譜が陳列されていたのを思い出す。施性答氏に尋ねると新しいのが作られているそうだ。つまり、マニラに渡ってきた先祖以後のものであろう。

この宗親総会が出している『世界施氏商業名録』という一九〇頁ものぶ厚い冊子を頂いた。施氏一族が経営する企業の種類の多様さに驚く。総計九〇〇種もの企業が記載されていて、最も多いのは金融、金属工業、建築であるが、コンピュータ関連企業は数こそ少ないとはいっても台北の「宏基《こうき》電脳集団（エイサー）」のように世界的に著名な企業もある。この名簿には企業名、営業種目、所在、電話番号、E-mailアドレスなど、いざという時に直ちに役立つ連絡簿である。一族による世界的規模のコンツェルンができあがっているのである。

案内された宗祠はすぐ近くの四階建てビルの四階、三〇畳以上の広い部屋にあり、そこには百年前フィリピンに渡って来た遠い先祖以来の位牌がずらりと並んで祀られている。それが「旅菲臨濮堂」宗祠である。ここに毎年九月九日、マニラ在住の施氏一族が集まるという。郷里への経済や教育施設の援助が一族によって行われているという。もちろん一族構成員の相互援助や団結も図られている。頂戴した別の分厚い冊子『施氏世界』第一輯から三輯（二〇〇一年十月）は施氏宗親総会が刊行した機関誌であるが、これを読むと、彼らが目的としているところは、一族の団結と互助合作であり発展である。祖国とか居住地区の国家は眼中にないのである。聞けばマニラにはもっと大きい李氏一族の宗祠があるという。隴《ろう》西《せい》李氏宗親総会のことであろう。おそらく施氏よりも巨大な企業集団をもっているにちがいない。

　ここでもう一つ、フィリピン華僑を中心にして一九六〇年ごろに成立した六桂宗親会という聯宗組織を紹介したい。私が実際に訪問したのではないが、鈴木満男氏の論文「或る宗親会の誕生——Political field における漢人親族集団——」（宇野精一編『東アジアの思想と文化』韓国研究院、一九八〇年）から引用する。六桂宗親会というのは、洪、江、方、翁、汪、龔の六姓から成っている異姓の宗親会であり、この論文の著者はこの宗親会成立の背景を次のように説明している。「フィリピン社会の〝伝統〟と化しているかに思われる華僑嫌いは、第二次大戦後も一向に改善されるけはいがなかった。政治の面では、華僑住民は中共政府の手先のように噂され、カトリック信者の多いこの国の住民の白い眼が向けられる。経済の面ではこれと裏はらに、政府は何かと口害《ママ》をつけては華僑の築きあげた商業地盤を取りあげてしまおうと画策していた」と。そして、この著者が宗親会の性格を次のように指摘しているのは、たいへん興味深い。すなわち、「例えば「世界龍岡宗親会」のような組織の示すように、宗親会の有力なものは容易に近代国民国家の境界を越えることができる。〝多国籍企業〟さながらに世界大グローバルに伸びひろがっている華人社会を想定してみるならば、その一部分に生じた危機は、安全な他の部分への移動——人と金の——を誘うであろう。その際、国籍を超えた宗親会組織の存在が、移動の便宜を提供するであろうことは見やすい道理だ」と。

日本には、松下グループのような企業グループはあるが、こういう同族ネットワークによる相互扶助の組織がないので、理解しにくいだろう。しかし、日本の現地企業マンには、おおざっぱに華僑ネットワークというのではなくて、こういう華人の実情、つまり同姓集団の性格と組織をもっと知ってほしいのである。

マニラ・ビノンド地区とその周辺には大きなチャイナタウン、つまり華人の居住地域があり、そこにはいくつかの宮廟《きゅうびょう》（道教寺院は某宮、某廟あるいは某観と称される）がある。そういう宗教的な面についてはマニラ在住の日本人にはほとんど知られていないようだ。私たちは今回、その六箇所を訪問し調査したが、その中で華人出身地と関係の深い三つを紹介しよう。華人たち（現地国籍を取得した人を指す）の大部分は大小の商工業を営んでいるのであるが、これら宮廟を精神的に支えているのは、もちろんこうした華人であり、また経済的にも華人の中の大きな同姓一族（宗族）が中心となる董事会《とうじかい》（同郷人によって構成される場合もある）に支えられ運営されている。

マニラの華人の原籍は、たいていが福建南部の晋江市あるいはその周辺であるから、故郷での信仰と密接につながっていることが多い。その顕著な例が次の三つの宮廟である。以下には本書の「マニラ華人街の道教・同郷会館・宗親会」の記述と重複するところもあるのを了承していただきたい。

先ず石獅城隍廟である。ソラー街の二階建ての建物の二階にあって目につきにくい。石獅は晋江の隣りの市であるが、石獅出身者はそこで祀られている城隍神のご神体を運んできて、分香したのである。城隍神というのは、本来は名前通りに都市の守護神であるが、現在では陰界（冥界）での安寧を司る顔の黒い神体と陽界（現世）の幸福を司る顔の白い神体とが祀られている。ソラー街の二階建ての建物の二階にあって目につきにくい。ここには、他に玉皇大帝という道教の最高神も祀られているが、廟としては小規模である。しかし、毎年七月上旬の城隍神の誕生日前後には、廟の前の街路に戯台《シータイ》（上演舞台）が設けられて、厦門から招く劇団が三日間盛大に長寿を祈る演目の芝居を演ずるという。よほど信仰する人が多いのであろう。なお、この廟の董事会は石獅寛仁同郷会のメンバーとダブっているらしい。

ビノンドのガンダーラ街にある宝泉庵正炉もビルの三階にあって目につきにくい。ここには晋江・深滬鎮の宝泉庵から分香された医薬神・保《ほ》生大帝《せいだいてい》（大道真人とも）が主神として祀られている。その他に関聖夫子（関羽）も併せ祀られている。関羽は関帝とも称されて、本来は武神であるが、商業の庇護、財宝の招来などの霊効があるとされて、大陸では最も多くの信仰を集めているが、日本でも横浜や神戸に関帝廟があるので馴染みがあるだろう。ところで、深滬鎮の本廟には二〇〇二年二月、訪問したが、ここは国共内戦によって破壊されていたのを、一九八三年、旅菲郷僑、つまり、ここ深滬鎮を郷里とするフィリピン華人の資金で修復されたのである。この保生大帝信仰は、厦門北西の白礁・慈済宮を祖廟としていて福建南部や台南・学甲、香港、シンガポールに広がっている。フィリピンではセブ島にもあるという。

もうひとつ訪問したのは、アラネタ街の九階建ビルの九階屋上に祀られている青陽石鼓廟である。晋江・青陽鎮に石鼓廟があって、ここには順正大王が祀られている。この神霊は本名を黄志《こうし》といい、青陽・蔡氏十世の門客であって、死後この石鼓廟に祀られたが、しばしば霊験を顕したので、明の朝廷から勅命によって順正大王の号を賜ったという。マニラの石鼓廟は来歴が古く、晋江の人である陳景弘が鄭和の南洋航海に従った時に、フィリピンにその香火を伝えたのが始まりであり、その後、マニラ華僑によって廟が建立され神像が祀られたという。正殿には、主神の順正府大王公が祀られ、他に観音太子、四大将軍などが配祀されている。董事会は青陽・荘氏の一族から成っているという。

その他に九宵大道観、泰玄都総壇なども訪問したが、ここで注意を惹いたのは、玉皇三太子が主神とされたり、あるいは配祀されたりしていることである。この玉皇三太子とは、別名哪吒《なた》太子のことであり、昨今人気のある『封神演義《ほうしんえんぎ》』に登場して大活躍する神格である。三太子は福建南部では信仰の厚い神ではあるが、ここマニラでも人気があるのは別の意味があるようだ。フィリピンではサントニーニョという幼いキリストへの信仰が厚いことは有名であるが、華人の信仰する三太子は道教の最高神・玉皇大帝の子供だとされて、サントニーニョに引き寄せているのである。そう思ってみると、華人街の仏具屋で買った哪吒太子像はどことなくサントニーニョ像に似ているようである。つまり、フィリピン華人では、現地の信仰と華人本来の信仰とが融合しがちなのである。マレーシア華人が拿頭《なとう》公《こう》という現地の土地信仰と華人本来の土地公という信仰を融合させているのと同様の現象なのである。

【参考文献】

丸山宏「フィリピン華人の歴史と宗教文化」（綾部恒雄編『環太平洋地域の華僑社会における伝統と文化』筑波大学、一九九三年）
丸山宏「保生大帝と廟のネットワーク――福建・フィリピン・台湾」（『アジア遊学』二四号、二〇〇一年）
華僑華人百科全書・社区民俗巻編輯委員会編『華僑華人百科全書・社区民俗巻』（中国華僑出版社、二〇〇〇年）。
福建省晋江市道教協会編『晋江道教風采――晋江市道教協会成立一周年紀念特刊』（二〇〇〇年六月）

鈴木満男「或る宗親会の誕生――Political field における漢人親族集団――」(宇野精一編『東アジアの思想と文化』韓国研究院、一九八〇年)

4 金門島と鹿港の道教宮廟

金門島の宗祠・家廟

大陸の厦門《アモイ》からわずか数キロを隔てているだけの海上に浮かぶ小さな島、日本では小豆島くらいの大きさの金門島を訪ねると、まるで十七、八世紀の清朝・中国に迷い込んだかのような錯覚を覚える。二〇〇〇年八月一日、二日、三日の三日間、この島を一人で見学した。台南で別の調査をしていて、ついでに思い立っての見学である。台南も古い街並みが残っているが、それ以上に古いのが、この金門島である。

古い形式の家屋や道教の宮廟、さまざまな種類の辟邪物（魔除け）が路傍にも家屋にも寺廟にも、いたるところに見られるのである。

とはいうものの、この島は四十年あまり前には対岸の共産軍との間で激しい砲撃戦が戦われたことで知られており、戦火の止んだ今では空港のそばに当時使わ

◉金門島　風獅爺

れた戦車・戦闘機・大砲などが陳列されており、観光客の人気を集めている。ここはまた、日本にもゆかりの鄭成功が明朝復興を図って兵士を訓練した根拠地でもあり、彼を祀った延平郡王祠がある。

このような由来のある島なのだが、長い間、軍事上の管制がしかれていて、近年ようやく民間に開放され、観光できるようになったので、日本の観光ガイドブックにも紹介されている。だから、「見てきたよ」という若者もいることだろう。そして、島のあちこちに立っている風獅爺《フォンシーイエ》のことも、ひとつやふたつはガイドさんから説明を受けたことだろう。

この島には今でこそ針葉樹がうっそうと茂っていて緑の島の観さえあるが、かつては、樹木が伐採し尽くされていて、一年中強く吹きつける風のために農作物が育ちにくかったという。そこで島民たちは風神の威力や獅子の猛々しさにすがって、風獅爺という辟邪物を考え出したのだという。これは金門島だけに見られるものであり、対岸の福建や台湾本島にも見られない。風獅爺はたいていは村落のはずれで風の道である北あるいは東北に向けて立てられ、合計六十四体にもなるという。着色されたものが多いが、姿や顔は様々であり、雌雄の別もある。

建築物に注意しながら街路を見学すると、大小さまざまな**宗祀・家廟**などと呼

◉家廟内「進士」扁額

ばれる、かつての科挙試験の合格者のみに許された先祖顕彰のための建物が多いのに気づくだろう。そこには、「進士（殿試合格者）」とか「文魁《ぶんかい》（郷試合格者）」などの扁額が家廟の門の上に掛けられている。科挙の合格者が出ることは本人や家族の喜び、その一族の誉れであるだけでなく、一族には相応の特権が与えられ、経済的な富裕も可能になるのである。ここは小さな島でありながら、数えてみただけで十以上の家廟があり、これだけまとまっているところは台湾本島にもないだろう（大陸では家廟はすべて人民の汗血を搾り取った地主階級の象徴だとして共産党がすべて破壊した）。よく知られているのは瓊林《けいりん》の黄氏家廟、水頭の黄氏酉堂別荘であり、ことに後者は前に池を配していて「坐山臨水」といわれる風水で最も望ましい地形を選んで建てられている。ついでだが、風水という観点から羅盤（磁石）でいろいろの建物を測ってみると、家廟だけでなく道教の廟もほとんどが「坐北向南」の地形を選んでいるのである。建築で特異なのは、洋楼形式の碧山・陳氏祀堂（宗祀）である。洋楼《ヤンロウ》というのは、清代に東南アジアに出稼ぎに行った華僑が帰郷して建てた洋風建築であり、この島には十九世紀ごろのものと思われる洋楼がそのままにかなり多く残っていて、中には今も居住しているのもある。そして銃座をしつらえた洋楼さえあるのは、海賊の攻撃に備えたのであろうか。建築物

◉家廟

といえば、この島の城隍廟、すなわち町の守護神を祀る廟もまたたいへん興味深い。ここには三座の城隍廟があり、陰暦四月十二日の城隍爺誕生日には県長みずから参拝して神に祝詞《のりと》をあげた後、まっ黒い面相の神体を載せた轎《かご》が路地を巡りまわるという。私が拝観したのは七月三十日であり、なんでもない日なのだが、それでも一般の人々に親しまれている神様だけに、参詣して祈禱したりポエを投げて占う男女が後を絶たない。この廟の外側をまわってみると、なんと符（おふだ）が建物の四方に貼ってあるのに気づいた。二本の鋏と豆《とう》（高坏《こうはい》）の絵が赤・黒・青・白の台紙の上に貼ってある。四色は四方を表すから、中央・黄色はおそらく建物内部の神像の上部に貼ってあるのだろうが、見ることができない。台紙の下に貼られている赤い紙も符であり、すべて鎮宅符である。このような鎮宅符は、澎湖島の馬公・天后宮などで見たが、今ではかなり珍しくなっている。ところが、翌日、船で二十分ほどの小金門島（烈嶼郷《れつしよ》）に渡ってみると、なんと普通の民家でも同じような鎮宅符が貼られているのである。それが一軒だけではなく、ごく普通に、しかも新しいものが見られるから、呪符を調べている私にはたいへん興味をそそられた。島の民家をよく調べると、この島の鎮宅符は、この一種だけではないのだ。外側五方に瓢箪型の木札に紙の呪符が貼られたものが掛けられているのである。符の図柄や文字は、五方それぞれにいくらか異なっている。こういう呪符にお目にかかるのは、台湾では初めてのことである。そこで思い出すのは、沖縄のフーフダ（符札）である。沖縄では屋敷の四方の壁に呪言を書いた木札が掛けられているのをよく見かける。それはたいてい臨済宗や浄土宗などの仏教寺院が発布したものであって、したがって呪言の内容は、例えば「東方持国天王」「南方増長天王」「西方広目天王」「北方多聞天王」といったぐあいに仏教的な文句が書かれ、その文句の上に「以」の字を図案化した絵が描かれている。このような、四方と五方のちがい、呪言の内容のちがいはあるものの、家屋の周囲に木札を掛けるという習俗は、台湾本島ではほとんど見たことがない。一例だけ、数年前に台南安平区の民宅に、四方に木札が掛けられているのを見たことがあるだけだ。木札は雨に晒されて文字は読めなかった。いずれにせよ、沖縄のフーフダによく似た習俗が、今もこの島に伝わっているというのは、ちょっとした発見であった。

台湾本島は、近代化、都市化の波に洗われて農村部に行ってさえ古い習俗はほとんど見ることができなくなっている。台南安平区はかっては清代後半の古い街並みを保っていたのだが、近年調べてみると、その変容ぶりに驚かされる。そこに住む人々の生活に関わることなのだから、街並みの改善はもとよりのこと、呪符のような習俗が失われていくのもやむをえないことであろう。だからこそ、こういう調査は今のうちに進めておかねばならない。しかも、金門島のように俗化していない地区には、もっと目を注いでおかねばならないと痛感した。

金門島再訪（鎮宅呪符）

二〇〇一年十二月二十三日から二十五日の間、私にとっては再度の金門島調査であった。前回の調査では烈嶼郷（小金門）の民宅の周囲に置かれている鎮宅呪符に驚いたので、そこで再度の調査を行ったのであるが、今回は、これが烈嶼郷の民宅ばかりでなく、寺廟の周囲にも置かれているのに気づいたし、また金門島でも寺廟や宗祠の周囲に置かれているのに気づいたのである。そこで、こうした呪符の意味を、その後入手した文献を手がかりに論じてみたい。その呪符は剪刀《せんとう》符と牆角《しょうかく》安角符と呼ばれている。

このふたつの鎮宅呪符のうち家屋内上部五方の呪符については、「剪刀符」と称し（『金門辟邪物』）、家屋外の呪符については、「牆角安角符」あるいは「鎮煞《ちんさつ》角符」（『金門祖厝之旅』）と称されている。「剪刀符」は、紙の上の右に尺子（ものさ

◉剪刀符

◉牆角安角符

し)、左に剪刀(はさみ)、中央に瓶子(びん)の上に円球を載せた切り紙が貼られている。その意味は「一家平安団円」であるという。つまり、縦に置かれた尺子は一であり、鋏(はさみ)の音は**jia**で家**jia**と同音、瓶の音は平と同音、上の円球はもちろん、円である。鋏がふたつ並べられている場合もある。それは「家家平安団円」となる。なお、「剪刀符」は、五方に貼られていて、符は方位によって赤(南)、黄(中央)、黒(北)、青(東)、白(西)それぞれの色の紙の上に貼られている。

牆角安角符は、家屋の四方の角の下部に、左から石頭、倒立させた缶もしくは瓶、磚《せん》(れんが)、竹(三枚)が並べられている。ただし、すべてがそうなっているのではなくて、烈嶼郷の民宅のは、磚と木符(三枚)だけであった。そのどれにも呪符が描かれている。また、このような呪符を置いた角の上部にも、二枚の木板の呪符が釘で止められている。右のは茶色の板に風雨よけらしい呪符の図が描かれ、左のは「□□星君到此安鎮」との文字が書かれているが、□□は置かれた角によって異なっている。「葛貢」「産彔」「彭案」「持瀆?」などと読めるが、風雨にさらされて読めない文字もある。このような「星君」については、私の知識の中にはない。本書八二、八三頁の説明と上欄の写真を参照されたい。

次に興味深いのは、屋内の神を祀った壇の上部の梁に黒色の地にピンク色、黄色、薄緑色で文字や呪画が描かれた呪符が貼られていることである。一例を挙げると、その上部には雨かんむりの文字が三つ、明、弘、登がそれぞれ加えられている。その下には三清の印レ《しるし》が描かれ、その下段には中央に太極の文字のある図、両側に元亨利貞の文字、さらに外側には、雨かんむりの四字（月旦、月鬼、玄、武の字が加えられる）、その外には右左に六弁の花弁の模様があり、中に月日の文字がある。その下方には蔓草の模様があり、その中に光、采、とか宅、含の文字も書かれている。その下段には中央に大きな鬼の字を変形した図があり、最下部には煞《さつ》（殺）の字があり、両側にも文字があり、左側には「壽而康發甲添丁」、右側には「安且吉来竜進宝」と書かれている。こういう呪符は金門島の寺廟や家廟でも見られた。

以上に解説した呪符の実例は、大形徹・坂出祥伸・頼富本宏編『道教的密教的辟邪呪仏の調査・研究』（ビイング・ネット・プレス、二〇〇五年）にカラー図版として収録されているので参照されたい。

さて、金門島のこのような呪符は、台湾本島には見ることができない。金門島と密接な関係にあって、金門館まで設けられている鹿港の呪符を、その後、二十

●天乙堂道壇と法師

六日に一日かけて調査したのであるが、「剪刀符」も「牆角安角符」もまったく見ることができなかった。また、金門島は福建省の同安人が移住して開拓したと言われていて、族譜研究によると、大姓はいずれも同安を出身としていることが分かるが、これまで厦門、泉州、漳州（いずれもかつての同安府に属する）を調査したかぎりでは発見できなかった。あるいは、共産政権が成立する以前には行われていたのかも知れないが、この度の調査では見出すことができなかった。さらに、福建人の東南アジアでの移住先、マレーシアのペナン、マラッカ、クアラルンプールの華人街でも発見できなかった。してみると、現在では金門島にのみ残っている、あるいは金門島特有の呪符と言えるかも知れない。

家廟、呪符などのほかに、注目したのは、洋楼と呼ばれる海外移住した住民が帰国して建てたという洋風の家屋である。また、ここには道壇と称しているが実はタンキーをされている法師がいた。蘇《そ》応鑫《おうきん》氏であり、その天乙堂道壇をたずねて、道服を見せていただいた。

【参考文献】

陸炳文『金門祖厝之旅』（金門学叢刊8）稲田出版有限公司、一九九六年。

◉鹿港　金門館

楊天厚・林麗寛『金門風獅爺与辟邪信仰』（金門学叢刊１）同前、二〇〇〇年。
葉鈞培『金門辟邪物』（金門学叢刊１９）同前、一九九九年。

鹿港の宮廟と店屋

二〇〇一年十二月二十六日は、台中よりさらに南の彰化のホテルを拠点にして、海岸に近い古い町、鹿港を調査した。なぜ鹿港なのか。ここは泉州人が移住して作られた町であり、また金門館が設けられていることから知られるように金門島からも移住した人々がいるからである。福建の興化からの移民から始まって、泉州、漳州、さらに広東・東部の客家人がやって来て開拓するようになって形成された町である。最も多いのは泉州からの移民で約八割を占めている。

彰化の全台大飯店からタクシーで鹿港の天后宮に着いたのは昼近くになっていたので、ここの名物・蚵《オ》仔《ア》煎《チエン》（小粒のカキを炒めたもの）を食べた後、天后宮を見学する。この天后宮は施琅将軍が軍船に祀っていたといわれる。また、ここには「世界臨濮施姓大宗祠会館」という施姓のみの会館が設けられている。

さて、「鹿港導遊図」という観光用パンフレットによりながら、調査を始める。これに載っているだけでも十一箇所もの寺廟が小さな町に集まっている。その中

◉玉渠宮の田都元帥

で注意を引いたのは、ひとつは金門館であり、ここは金門人が多く移住してきたので作られた会館である。郷土神の蘇府王爺が祀られているが、同郷会館なので居住できるような建築になっている。もうひとつ興味深かったのは、**玉渠宮**であり、これは導遊図には載っていないが、**田都元帥**という梨園で信仰されている神を祀っている宮廟である。田都元帥の名は知っていたが、これを祀った宮廟に当たったのは初めてである。パンフレットによると、清の乾隆初年、泉州府晋江県石厦郷の施姓の族人が石獅から神像を奉じて鹿港に住んだが、霊験あらたかだったのでこの地の信心深い人々が崇拝するようになったという。その後、戯団が鹿港で上演する時には必ず先ず廟に参詣したという。北管西皮派の守護神とされている。田都元帥は唐の玄宗皇帝の寵臣・雷海清であり、出生した時に顔が黒かったので、家人が不祥を恐れて田に棄てた。ところが先ずカニの泡で育てられ、ついでアヒルに養われ、その後農民に拾われて養育されたという。神像は両脚でカニを踏んでいるし、顔は黒い。その他、鹿港では三山国王廟（広東潮州の山神を祀る）、南靖宮（漳州人、関公）、興安宮（媽祖、興化人）などの宮廟と石敢当を見た。呪符は種々のものが収集できた。

　鹿港はまた、典型的な店屋が街道に沿って発達しているので有名である。シン

◉鹿港の旧店屋（シンガポールのショップハウスの原型）

ガポールのショップハウスの源流である。居住部分と商店部分とが一体となっていて、そこに商店と神明祖先庁（観音とか関公を祀る）、住居用部屋、倉庫（二階屋根裏あるいは二階に楼井とよばれる周囲に欄杆のついた物置き場）などに分かれている。入口は狭くて四メートル半、狭いが長くて、最も長いのは七十メートルもある。

【参考文献】

『台湾深度旅遊手冊7・鹿港』（遠流出版公司、一九九二年）、改版『鹿港深度旅遊』（遠流出版公司、二〇〇一年）

総括

東南アジア華人社会の道教信仰と宗族的結合

――タイ・マレーシア・シンガポール・フィリピン――

　私は一九八九年七月から一九九〇年三月までのおよそ九ヶ月間を当時の勤務先、関西大学の在外研究員としてフランスに滞在した。このフランスのパリに大きな中華街があった。十三区のシュワジー通りとイヴリー通り、および二つの通りにはさまれた三角地帯であり、略してシュワジーと称されている。私は近くの国際大学都市に住んでいたので、毎週一度は買物に行った。その中華街の中心に、亀蛇を踏んで七星剣を持つ北極真武玄天上帝を祀った潮州同郷会（法国華裔互助会）が設けられている。真武大帝は観音菩薩と並んで祀られ、昼夜絶えることのない華人の祈願する線香、蠟燭で内部は煙っている。この真武大帝像は一九八八年初めに潮州から運ばれてきたという。パリには十数万の中国人が住んでいるといわれるが、その大部分は、もとインドシナ半島に居住していて、一九七六年に共産党の支配下になったのを嫌って旧宗主国フランスに逃れてきたのだという。

郭中端・堀込憲二『中国人の街づくり』によると、海外に移住する中国人は郷土から自分達の守護神をたずさえて来て、集団自治の中心である廟を先ず建て、これを中心して彼らの街が形成されるという。彼らの生活行動を支えているのは、廟に祀られている神仏への信仰であろう。その内容は道教に限られず、儒教、仏教、道教が混融した形をとることが多い。パリの潮州同郷会には真武大帝とともに観音菩薩も祀られて、仏教を信仰する人々に篤く崇拝されている。孔子の像こそ置かれていないが、儒教の諸徳目、とりわけ「孝」は会館の集りのたびに説かれているらしい。「孝」は先祖への崇敬の念そのものである。

周福堂「マレーシア道教発展史」によると、「早い時期にマレーシア、シンガポールに移住してきた華人たちは、ふつう小さな包みを携えていて、安心のために随身符を身につけている人々もいた。なかにはもちろん、携帯できる小さな神像を一、二体ということもあり、それで災難とか病気にかかった時、神明に助けを祈願したのである。天公や太陽公、太陰娘娘《ニャンニャン》、司命竈君《そうくん》、大樹、大石を拝む場合には、もちろん神像はいらない。ふつう彼らは空き缶を探してきて香炉とし、紅い紙に「神」とか「祖先」とか「太陽公」とか「太陰娘娘」とか「司命竈君」とか「大伯公」とか「関公」とか「木頭公」とか「石敢当」とか「石頭公」などの文字を書いて、その紅い紙を大庁《ダーティン》（広間）の壁とか柱に貼れば、拝礼できるのである。このようなやりかたは、華人がすくなくてひなびた集落では今でもしばしば見られる。十九世紀末から二十世紀初頭にかけて大量の華人がシンガポール、マレーシアに流入した時期には、もっと多くの移民が郷土で拝まれていた神像を携えてきたのである。彼らははじめは、神像を住んでいる公《コン》司《ス》（同族もしくは同郷人の集会所）に置いて同居する人々に拝ませた。その後、人口がどんどん増加し、経済力も改善されてくると、神壇や廟宇を建立することを始める。ご神体は廟の中に安置すると、多くの人々が拝みにくるようになる」と述べているが、この叙述は郭中端・堀込憲二両氏の理解とまったく同じである。

私は以前、西ドイツのいわゆるロマンティッシュ街道をバス旅行した時、ドイツの都市がキリスト教の教会を中心として形成され、信仰に支えられ、周囲は城壁に囲まれて生活が保護されている。そして中央の教会の高い塔には鐘楼があり、住民に時間を知らせて生活のリズムができるのである。その後私はフランスに長期滞在したのであるが、最初の二ヶ月をスイス国境に近いブザンソンという都市で過ごした。この町は周囲を城壁（シタデール）で囲まれ、中心にはサン・ジャン大聖堂がそびえている。ここでも住民は教会を中心に生活しているのである。つまり、多くのヨーロッパの都市はキリスト教の教会を基礎として形成されているのである。とすれば、ここで教会を廟に置き換えれば分りやすいのかも知れない。

堀込氏はいう。「移民の時代から町と廟とは一体となって盛衰をともにしてきた。個々の住居よりもまず集団の廟を立派にしたい、廟が栄えることで個々が栄える、という考えがある」と。

しかし、ここで華人の信仰では特に注意しなければならないことがある。それはキリスト教の場合とは違っている。つまり、本土の郷土での信仰というのは、道教だけに限られていないからであり、しばしば仏教も信仰されている場合がある。堀込氏は台湾の移住民について、多神信仰であって、いずれの廟でも五～六神は祭祀されているという。こうであってこそ、「血縁、地縁をこえた多くの人びとが信仰できる状況にある」と説明している。移民で形成された町は郷土を異にする人々が多いであろう。したがって祀る神像をも異にする人びとで構成されている。

こういう多神合祀について、「台湾民間信仰は多神を合祀することにより、血縁、地縁をこえた多くの人びとが信仰できる状況にあること、難解な教理にとらわれず、現実の生活での安楽を願うことができるのだ」と堀込氏は説明されている。このことは台湾のみならず、東南アジア華人街の宮廟の多神合祀についても説得力がある。

もう一点注意したいことがある。それは移住地の宗教的民俗と習合して、新しい信仰形態を生ずるということである。

拿《な》督公《とくこう》についてはマレーシアの項で取り上げて述べた通りであり、マレーシアの古来の土地信仰と習合したのであろう。また、バンコクの本頭公信仰は明確な解明はできていないが、潮州土着の信仰とは言えないようであり、タイ人の土地信仰との習合が考えられる。

マレーシア、シンガポールの宮廟、道教的神像には九皇爺、仙四爺のように現地の移住華人に始まった信仰があることにも注意したい。

マニラの宮廟には雲風山仙祖師とか雲夢山仙祖師、帛児仙童など、私には調べても探し当てられない神像が祀られている。あるいはフィリピン道教独特の神であろうか。

フィリピンのサントニーニョ信仰は晋江から渡来した福建人の哪吒《なた》太子と習合しているようだ。

前記の周福堂氏によれば、マレーシア、シンガポールで人気の高い神様は、土地公（大伯公）、関帝、天后聖母（媽祖）、九皇爺、五穀老爺（？）だという。

つぎに興味深いのは、宗祠内部の設営である。福建の宗祠や家廟を見たかぎりでは、内部には先祖の肖像画などが懸けられ、位牌が置かれるのであるが、道教や仏教などはかかわりをもたない。

ところが、マニラ施氏宗祠の内部には壁に先祖の肖像画や写真が掲げられ位牌を奉祀するほかに、その反対側には宗祠の守護神として左から北極玄天上帝、天尊玉皇大帝、南無大梵尊天帝の三つの神格が祀られている。大川富士夫氏によれば、マレーシア、シンガポールの同族、同姓親族の宗祠に道教神像とか郷里の民間信仰の神像を守護神として祀っているという。例えばペナンの葉氏公司（宗祠を指す）が慈済宮を建てて葉姓の守護神である恵沢尊王を祀っている。また福建省南安県出身者の宗祠である南安公会（鳳山寺）には広沢尊王が祀られている。

中村孝志氏はマレーシア、シンガポールの会館は方言を同じくする人々のものであり、そこにはある特定の神仏が祀られているという。例えば瓊崖《けいがい》会館には天妃、恵安会館には義安尊王、雷州会館には顕華宮大帝、永春会館には張聖君がそれぞれ祀られていると指摘している。

以上のほかにマレーシア、シンガポールの宗教事情で注目したいのは、儒、仏、道の三教を合一した民間信仰が特に活発であることであり、この点は周福堂、袁丁両氏ともに指摘している。

三一教、真空教は本書第Ⅱ部の「マレーシア華人のなかの道教」の項で紹介したが、ほかに空中教、聖教会、慈忠会、立徳伝心堂、道院、徳教会、一貫道などが信者も多いという。これらはほとんどが十九世紀末から二十世紀初頭に中国本土で創設されたが、多くの宗派に共通しているのは儒仏道三教合一のほかに、キリスト教、イスラム教の教祖をも祀っていることである。しかし、中国大陸ではこれらはすべて秘密結社として布教が禁止されているし、台湾でも恐らく秘密結社扱いであろう。ただし、台湾の一貫道（別に天道、中華聖教とも）については一九八七年、内政部通達によって布教が解禁され自由になった。

以上のような東南アジア華人社会の宗教事情ないしは動向についても道教研究者の注意を期待したい。私個人の情報はきわめて狭く、あまり有用ではないであろうが、観光業界や経済界にとって、こうした情報はけっして無意味ではなかろう。

【参考文献】

周福堂「馬来西亜道教発展史」(『資料与研究』二八号、一九九七年、クアラルンプール)
袁丁「新加坡道教概況」(『世界宗教資料』一九九一年第四期、北京)
中村孝志『華人の都市と集落：マレーシア』(天理教東南アジア研究室、一九八一年)
郭中端・堀込憲二『中国人の街づくり』(相模書房、一九八〇年)
大川富士夫「シンガポール・マレーシアにおける華人社会と宗族・宗祠」(酒井忠夫編『東南アジアの華人文化と文化摩擦』巌南堂書店、一九八三年)
大川富士夫「シンガポール・マレーシア地域の華人の会館と宗祠」(『立正大学文学部論叢』七二号、一九八二年)

あとがき

本書は筆者を代表者とする七名の道教研究者が科研費を与えられて東南アジア華人社会の道教的密教的辟邪呪物を調査する過程でできた副産物としてできたものである。主として道教の宮廟が発布する呪符（おふだ）を東南アジア華人街を歩いて収集したのだが、当然ながら宮廟そのものにも参詣するし、調査もするのであるから、このような副産物ができたのである。ただし、論文集ではないし、報告書でもない。一般読者向けに書き改め、書店に無理にお願いして、図版、写真をできるだけ豊富に入れて、視覚に訴えるように配慮した。そこで、筆者の手もとにない写真を提供して補ってくださった奈良行博氏、鄭正浩氏に御礼を申し上げたい。

つぎに、参考文献欄を見ていただければ一目瞭然で分るように、一九七〇年代～八〇年代には、酒井忠夫、窪徳忠、日比野丈夫、野口鐵郎、可児弘明らの道教研究者が科研費を受けて東南アジアの道教、仏教を共同調査、研究しているのであるが、その後はほとんど行われていないようである。東南アジア華人街には、大陸や台湾だけ見ていては分らない宗教事情がある。道教が現地の信仰と融合する、あるいはまた宗族的結合が道教信仰と結合するという現象が見られるのである。こういう事情の解明も今後の道教研究者に期待したいと願っている。このような東南アジアの宗教事情の調査は、重要性が減っているとは思われない。日本が東南アジア諸国との連携を強めていこうとする政治的経済的傾向を念頭におくならば、むしろ逆に当地の宗教事情の調査はいっそう重要性が増しているとも思える。

ただし、本書は東南アジアと銘打ちながら、ベトナム、カンボジア、インドネシア、ミャンマーが含まれていないのは、筆者がかなり高齢になってから調査を始めたので、大学の定年のため調査を断念せざるを得なかったのである。どうか了としていただきたい。そして将来、若い人々が欠けたところを今後補ってくださることを期待したい。

最後に、本書の出版を快諾してくださった東方書店取締役・コンテンツ事業部の川崎道雄氏のご厚情に感謝したい。顧みれば、中国書の購入を除いて、出版面での東方書店とのつながりは二十六年前にさかのぼる。一九八七年十二月中旬、当時の社長・安井正幸氏が勤務先の大学の研究室にわざわざ足を運んでお見えになり、出版されたばかりの葛兆光『道教与中国文化』と任継愈『老子訳注』を示されて、これを翻訳出版してほしいとのお頼みをいただいた。この時から東方書店出版部との浅からぬ縁が始まった。還暦記念自祝の『東西シノロジー事情』、七十歳古稀退休記念論集『中国思想における身体・自然・信仰』の出版には、いずれも出版部の阿部哲氏には大変お世話になった。彼はその後、平成十九年春、四十四歳の若さで亡くなられたが、惜しんでも余りあるという思いを今なお抱いている。

なお、バンコク・マニラの華人街の地図の利用をご許可くださった筑波大学の山下清海教授に御礼を申し上げたい。また、バンコク華人街地図の街路名については、再三にわたるご教示をくださった名桜大学山田均教授に心からの御礼を申しあげる。

また、今回の編集・校正では加藤浩志氏のお世話になった。御礼の言葉を申し上げたい。

筆者記す

傘寿の初夏

初出一覧

第Ⅰ部

1　道教とはなにか……原題「道教とは、儒教とは」（『関西大学中国文学会紀要』第一七号一九九六年）にもとづいて大幅に改訂した。

2　民間における儒教と道教……原題「民間信仰における儒教と道教――中国・台湾・琉球」（『国立歴史民俗博物館研究報告』第一〇六号　二〇〇三年）にもとづいて大幅に改訂した。

3　宗族とはなにか……原題「宗族孝を称す」（内藤幹治編『今なぜ中国研究か』東方書店、二〇〇〇年）にもとづいて大幅に改訂した。

4　宗族と復讐……原題「「気」の世界に暮らす人々――宗族・復讐そして呪符――」（『東と西の文化交流』関西大学東西学術研究所創立五〇周年記念国際シンポジウム〇一報告書、関西大学出版部、二〇〇四年）にもとづいて大幅に改訂した。

第Ⅱ部

『道教的密教的辟邪呪物の調査・研究』（平成十二・十三・十四年度科学研究費補助金研究成果報告書、二〇〇三年）の坂出担当の項目解説にもとづいて大幅に改訂した。

【附】マニラ華人社会の結合力――同郷会館・宗親会――……原題「フィリピン華人事情」上下（『マニラ新聞』二〇〇三年三月十日、十七日）にもとづいて大幅に改訂した。

総括　東南アジア華人社会の道教信仰と宗族的結合……書き下ろし

著者略歴

坂出祥伸（さかで　よしのぶ）

1934年、鳥取県に生まれる。大阪外国語大学中国語学科卒業、京都大学大学院文学研究科修士課程（中国哲学史）修了。関西大学文学部教授を経て、同大学名誉教授。森ノ宮医療大学教授。文学博士。日本道教学会元会長、名誉理事。人体科学会顧問など。主な著書に『道教と養生思想』（ぺりかん社、1992年）、『「気」と道教・方術の世界』（角川選書、1996年）、『道家・道教の思想とその方術の研究』（汲古書院、2009年）、『道教とはなにか』（中公叢書、2005年）、『日本と道教文化』（角川選書、2010年）、主な訳書に『道教と中国文化』（葛兆光著、東方書店、1993年、監訳）、『老子と道教』（M･カルタンマルク著、人文書院、2001年、共訳）、編著『道教事典』（共編、平河出版社、1994年）、その他多数。

道教《どうきょう》と東南《とうなん》アジア華人《かじん》社会《しゃかい》
その信仰《しんこう》と親族的結合《しんぞくてきけつごう》

二〇一三年六月十日　初版第一刷発行

著　者●坂出祥伸
発行者●山田真史
発行所●株式会社東方書店
東京都千代田区神田神保町一―三　〒一〇一―〇〇五一
電話〇三―三二九四―一〇〇一
営業電話〇三―三九三七―〇三〇〇
装　幀●加藤浩志（木曜舎）
印刷・製本●（株）シナノパブリッシングプレス

定価はカバーに表示してあります

ISBN978-4-497-21207-8　C0039

小社ホームページ〈中国・本の情報館〉で小社出版物のご案内をしております。http://www.toho-shoten.co.jp/

東方書店出版案内

中国思想における身体・自然・信仰　坂出祥伸先生退休記念論集

坂出祥伸先生退休記念論集刊行会編／中国思想研究で高名な古来中国人が内に抱いてきた、「気」的身体、「気」的自然、「気」に対する信念といった宗教的信仰に焦点をあてた論文三十四篇を収録。

Ａ５判五七六頁◎定価九九七五円（本体九五〇〇円）978-4-497-20414-1

道教と中国文化【オンデマンド版】

葛兆光著／坂出祥伸監訳／大形徹・戸崎哲彦・山本敏雄訳／中国文化の土壌から、どのようにして道教の教理・神譜・儀礼・方術が形成され、道教が成熟し、定型化していったのか。道教研究者必携の書。

Ａ５判四八〇頁◎定価五四六〇円（本体五二〇〇円）978-4-497-21010-4

東アジアの陽明学　接触・流通・変容

馬淵昌也編著／「最高の本物」（中国）と「それより劣るもの」（周辺地域）のような二分法にとらわれず、「脱中心化」された視点から、日中韓それぞれの陽明学が持つ多面的な側面を描き出す。

Ａ５判四八〇頁◎定価五四六〇円（本体五二〇〇円）978-4-497-21018-0

図説 民居　イラストで見る中国の伝統住居

王其鈞／恩田重直監訳／黄土高原のヤオトン、北京の四合院、福建の土楼、チベット族の石造りの家、モンゴル族のパオなど、地域性、民族性ゆたかな中国の民間建築「民居」を、詳細な解説入りイラストで紹介する。

Ｂ５判二〇四頁◎定価三一五〇円（本体三〇〇〇円）978-4-497-21202-3